LOU
CHENG
SHEGONG
MANCHENG
QING

满城情 娄城社工

 太仓市民政局

苏州大学出版社
Soochow University Press

图书在版编目（CIP）数据

娄城社工满城情／太仓市民政局编．－－苏州：苏州大学出版社，2023.9
ISBN 978-7-5672-4495-5

Ⅰ.①娄… Ⅱ.①太… Ⅲ.①社会工作—研究—太仓 Ⅳ.①D632

中国国家版本馆CIP数据核字（2023）第162123号

娄城社工满城情

太仓市民政局　编

责任编辑　王　娅

苏州大学出版社出版发行
（地址：苏州市十梓街1号　邮编：215006）
苏州工业园区美柯乐制版印务有限责任公司印装
（地址：苏州工业园区双马街97号　邮编：215121）

开本 787 mm×1 092 mm　1/16　印张 10.25　字数 219 千
2023年9月第1版　2023年9月第1次印刷
ISBN 978-7-5672-4495-5　定价：68.00 元

图书若有印装错误，本社负责调换
苏州大学出版社营销部　电话：0512-67481020
苏州大学出版社网址　http：//www.sudapress.com
苏州大学出版社邮箱　sdcbs@suda.edu.cn

序

"政社互动"前赴后继打造社工行业标杆

作为"政社互动"的发源地，自 2008 年至今，太仓市始终坚持现代治理理念，积极构建党政主体与社会主体的良性互动机制，在不断自我革新中与时俱进，先后经历了法治政府下的"清单式管理"，社会协同下的"引导式治理"，协商民主下的"能动式善治"三个发展阶段，城乡社区治理取得了令人瞩目的成就。在"十四五"规划的开局之年，太仓市又进一步深化"政社互动"内涵，开启"融合式共治"新征程。与此同时，作为太仓主要社会主体之一的社会工作行业也取得了巨大发展，社会工作整体发展水平跻身全国"第一方阵"，努力打造社会工作行业标杆。

一是组织行业标杆：民政驱动与多部门联动。中国的社会工作是在民政部门的推动下建立和发展起来的。作为一个县级市，无论是从社会工作发展顶层设计的前瞻性和发展规划的系统性方面，还是从实践推动的力度和有效性方面来看，太仓市的社会工作都堪称典范。除了自身积极作为以外，太仓市民政局还不断地积极倡导并驱动多个部门共同推动社工行业发展。目前，太仓市民政局已经通过创建多种合作机制，将组织部、教育局和学校、工青妇、卫健委和医院、文明办、司法局以及政协等多部门纳入政府购买社会组织服务的统一框架，突破了很多地方"政社互动"过程中政府各个职能部门各自为政的碎片化形态对行业发展的束缚，充分体现了民政局作为社会工作发展主管部门的智慧、魄力和务实精神。

二是环境行业标杆：政策友好和服务友好。我国社会工作的整体发展还基本上处于初级阶段，受社会政策的影响较大。太仓市从社会工作发展的顶层设计到其贯彻落实，从项目设计的科学性、专业性到项目落地的实操性及其实施监管，再到面临突发社会状况所表现出来的反应灵敏性和处置措施的人性化，都充分体现了社会工作发展的政策友好。比如2020年疫情防控期间，社会组织项目无法开展，民政局及时出台了项目工作量减少但项目资金全额拨付的通知，帮助社会组织渡过难关。此外，太仓市还针对社会工作从业人员专业能力提升和社会组织专业人员招录留用等关乎社会工作发展的重要方面提供一系列切实有效的专业服务，充分体现了民政局与社会组织和社工之间真正的"伙伴"关系。在受疫情影响全国社会组织发展遭遇挫折的情况下，太仓市社会组织的发展逆势上扬，这是太仓市社会工作发展政策友好和服务友好共同作用的结果。

三是规划行业标杆：未雨绸缪和循序渐进。任何地方社会工作发展的顶层设计都是至关重要的。太仓市在社工发展规划方面的水平可圈可点。首先，作为县级市，太仓社工发展规划具有前瞻性和引领性。太仓市充分利用了社工的后发优势，在借鉴其他城市经验并吸取其教训的基础上，积极探索符合太仓实际的社工实践模式。从某种意义上说，太仓社工行业的发展不仅仅是对既存问题的被动回应，更是在很多方面的未雨绸缪和防患于未然。比如太仓市社工站的定位就是具有前瞻性的。其次，作为县级市，太仓专业社工发展的自身基础薄弱，在社工专业人才吸纳方面也不具有优势。但是，太仓走出了一条引进与培养并举的循序渐进的社工发展之路。先是通过大力推行"邻里家园"项目培养一批初级社工人才，然后在条件成熟时再推出专业性要求较高的服务项目，并培训、激励和留住中高级社工人才，循序渐进，稳扎稳打。目前，太仓市是全国为数不多的没有本地社工专业高校而社工行业发展却名列前茅的城市之一。

四是体系行业标杆：领域齐全和层级完备。经过十多年锲而不舍的努力，太仓市现已形成领域齐全、层级完备的社会工作服务体系。从服务人群来看，太仓市现有分别专注于儿童青少年、老年人、残疾人、吸毒人员和重大病患等不同群体的服务组织及其从业人员；从服务场景来看，有分别专注于家庭社会工作、企业社会工作、社区社会工作、司法社会工作、学校社会工作和医务社会工作等不同场景的相关服务组织及其从业人员。此外，太仓市目前已经形成了以"邻里家园"等项目作为初级普适性服务、以聚焦解决社会难点痛点问题的专业服务综合体——社工站和以聚焦特定场景的专门性服务体——学校社工、医务社工、司法社工、企业社工等作为社会工作高阶精准专业服务的互为补充、相辅相成的层级完备的社工服务体系，基本做到了人群全覆盖、需求全覆盖和场景全覆盖，可以满足不同人群的不同需求。

五是业态行业标杆：专业引领和欣欣向荣。在十多年的发展历程中，太仓市不同岗位的社工前赴后继，始终坚持专业引领、组织强力驱动、多部门多元联动、政策环境友好、服务环境友好、顶层设计未雨绸缪、发展规划循序渐进、服务体系领域齐全、服务结构层级完备的发展方针。如今，太仓市社会工作发展呈现出百花齐放、百家争艳的欣欣向荣业态，涌现出了瑞恩、德颐善、利群、欣诚、启航和海星之家等一批专业性强、职业素养过硬、发展潜力巨大的社会组织，也培养出了一批思想政治过硬、成长进步大且具有奉献精神的社会工作专业人才，他们在太仓市社区服务、社区建设和基层社会治理创新发展中发挥了重要作用，为行业发展树立了标杆，太仓市也因此获评首批"全国社会工作服务示范地区"。

相信在太仓市"十四五"规划"政社互动"的"融合式共治"的发展新阶段，太仓社会工作必将继续以人民对美好生活的向往作为奋斗目标，为建设太仓社区幸福生活共同体砥砺前行，也十分期待太仓社会工作在新的发展阶段再上新台阶，再创新辉煌。

民政部全国基层政权建设和社区治理专家委员会委员
华东师范大学社会发展学院院长、教授
2022 年 3 月 8 日于上海

目 录

概览篇

增力赋能、专业扩散、整全服务
——社会工作高质量发展的"太仓路径"
张跃忠　朱陈晨　003

引育发展，催壮根系
——太仓社会组织高质量发展实践路径
赵　健　胡天立　011

现代社会工作创制生成的政策路径
——太仓市社会工作发展17年制度创新回顾　顾群丰　021

党建引领　政策驱动　梯度发展
——太仓专业社工人才队伍培养的本土化模式与实践
徐　燕　028

项目驱动促成长　初心为民勇担当
——太仓市社会工作公益创投项目政策决策与管理运行
徐　燕　038

业态篇

探索专业服务路径，助力学生正向成长
——太仓市学校社会工作实践与研究　陈维佳　045

专业有爱，让养老更简单
——太仓市老年社会工作实务探索　耿彤彤　许　彬　050

多元协同：青少年社会工作的立体关护系统建构
刘丽华　056

四融四化，构建社区治理"XIN"局面
　　——太仓市社区社会工作实务探索　　张聪聪　065
凝心聚力，营造有温度的善治社区
　　——太仓市社区社会工作实务探索　　柴定红　069
退伍不褪色，聚能守心促双拥
　　——太仓市双拥社会工作实务探索
　　　　　　　　　　屠燕红　郭　蓉　龙绍眉　074
专业融入，探索助残社工新路径　　孙冲冲　079
社企联动，助力未来
　　——太仓市企业社会工作实务探索　　唐玉琳　084
四维赋权和社会复归视角下的禁毒社会工作实践
　　　　　　　　　　　　　　　　顾　绒　088
法护娄城，政社携手前行
　　——太仓市司法矫正社会工作实务探索　　殷　悦　094
社工同行，让慈善救助社会工作从心开始　　吕莎莎　099
多元融合，构建家庭社工的本土特色　　朱秋芳　104
医务社工：专业服务让医院更有温度
　　　　　　　孙亚军　瞿金培　闵国强　方　瑞　110

3 人物篇

陈维佳	117
孙　陈	118
姜春艳	119
屠燕红	120
朱晓庆	121
刘丽华	122
耿彤彤	123
龙绍眉	124
张聪聪	125
顾　绒	126
方　瑞	127
孙冲冲	128

心愿篇

幸福四季·社工有感	王　森	131
有一种幸福叫社工	郑　琳	133
感悟初心力量　见证使命担当	高桢颖	134
初心不改，照亮前行	许　彬	136
一次机遇，一个开始	陶震翼	137
艰难而坚定		
——我的社工路	卢　奇	139
坚持，好像并没有那么难	常彩彩	140
"从0到1"步履不停		
——我的社工之路	黄　婷	141
支撑前行的力量	戴天宇	142
守护和温暖特殊的人群	殷　悦	143
为了不再被人问社工是干什么的	李　阳	144
开启职业成长之路	卫　丹	145

附录篇

太仓市社会工作方面受表彰奖励一览表	149
专家寄语	153

概览篇
GAILANPIAN

太仓，是长三角富裕型"长寿之乡"，中国最具幸福感城市，康养最佳城市……在这座城市里有遍布城乡的专业社工机构、专业社工人才及社工志愿者。这些社工人才和志愿者们穿梭在大街小巷，活跃于乡野村落，用热忱的服务、博大的情怀温暖这座善爱城市，用专业的力量打造"现代田园城，幸福金太仓"。

增力赋能、专业扩散、整全服务
——社会工作高质量发展的"太仓路径"

张跃忠　朱陈晨

十多年来,太仓市积极推动社会工作创新实践探索与发展模式研究,历经岗位嵌入、服务协同和治理融合三个阶段,凝练出"增力赋能、专业扩散、整全服务"的本土实践范式,形成社会工作环境友好、制度健全、领域多元、人才汇聚、品牌丰富的发展特色,走出了具有示范效应的县域社会工作高质量发展之路。

一、增力赋能:在嵌入发展中构建社会工作基底

太仓市持续对社会工作进行政策赋能、机制赋能、人才赋能,推动社会工作服务发展力、专业影响力、治理融入力"三力"跃升。

(一)提升"主导+配适"社会工作政策圈向心力

行政服务往往提供的是均衡化、标准化的服务,而社会工作所提供的是个性化、专业化服务,在社会服务中的嵌入,恰好可以弥补行政服务的缺位、错位和不到位问题。2008年,"政社互动"一系列内核政策的制定推广,重塑了社会多元主体的关系结构,使社会各界对社会组织协同参与达成共识,形成了太仓社会工作萌芽的"肥沃土壤"。2012年,太仓制订"三社联动"实施计划等核心政策,推动社会工作"补位"政府让渡出来的管理和服务空间,短短4年间社工机构数量就从3家跃升至15家(图1)。2016年,随着《关于全面推进社区服务社会化的实施方案》等核心政策的制定出台,社会工作服务广泛走进城乡社区,实现专业服务和行政服务的大协调,推进了社会治理现代化的融合发展。(表1)

表1　社会工作核心政策表

核心文件	出台年份	登记社工机构数(累计)		相关社会工作配套机制数(累计)	
《太仓市"三社联动"实施计划》	2012年	3家(2008—2011年)	15家(2012—2015年)	1项(2008—2011年)	11项(2012—2015年)
《关于全面推进社区服务社会化的实施方案》	2016年	15家(2012—2015年)	38家(2016—2019年)	11项(2012—2015年)	24项(2016—2019年)

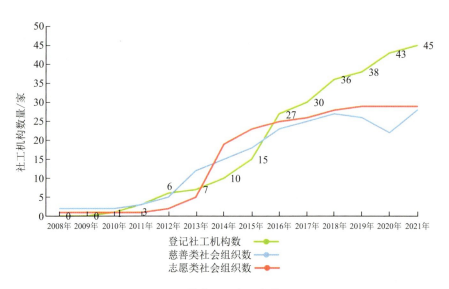

图 1　社会组织发展态势图

在核心政策的影响带动下，基层政府和部门将发挥社会工作专业效能写入党建引领基层治理现代化、乡村振兴、市域社会治理、文明城市创建等支持型政策中，创设了社会工作蓬勃发展的政策配适氛围。（图 2）

图 2　太仓社会工作政策圈层示意图

（二）强化"运行+标准"社工项目机制群支撑力

太仓市根据影响社会工作运行的各核心因素的结构、功能及相互联系，建立了密切交织、功能互构的制度群。其中，最为突出的有三类：一是运行保障类机制。此类机制着眼于推动社会工作项目落地，太仓市围绕《太仓市政府购买社会工作服务实施办法》这个核心机制，按照文件的购买主体、部门职责、承接服务单位资质、购买程序等规范性要求，制定了一系列关于资金保障、平台建设、科研合作、项目设计的配套机制，为社会工作的发展起到高速助力的作用，保障了"邻里家园"、社区志愿服务积分兑换等一批社会工作项目的广泛推行，同时强化社会工作与志愿服务、网格治理、慈善活动等社会公益领域的有序对接、信息共享、资源链接，撬动了"五社联动"的活力。二是规范监管类机制。此类机制着眼于扩展社会工作专业空间。太仓市以专业社会工作者职业分级管理为核心引领，致力于推动社会工作的职业化建设，持续发挥社会工作岗位设置、基层社工站（室）建设与管理、"邻里生活馆"项目评估、社会工作服务指引等机制的作用，放大"全域覆盖、前后衔接、规则量化"的特色，确保社会工作的规范化和标准化运行，推动太仓市社会工作高质量、专业化发展。太仓市申报的"基层社工站（室）建设与管理"项目先后被国家标准委、江苏省市场监管局列为综合试点项目。三是跨部门的"结构—程序"类机制。太仓社会工作的发展具有跨部门协同的特征，既建立了部门之间以"载体建设"为目标的机构性机制，又建立了以"理顺流程"为目标的程序性机制，以社会工作服务为中心将部门紧密联系在一起，促使各部门之间的共同行动和成果共享。从静态视角关注跨部门协同的组织载体方面来看，太仓在苏州全市最早成立了市社区和社会组织服务中心，搭建多部门与社会组织之间的合作平台，高规格成立市社会工作服务指导中心，发挥督导中心和评估中心的核心功能，形成成熟的结构性机制。从动态视角分析跨部门协同的操作程序方面来看，太仓城乡社区治理现代化工作领导小组下设社会组织建设工作办公室，每年梳理特殊困难群体名单，组织联合公益创投，社工在部门协同参与对特殊困难群体的帮扶中自觉形成行动规则，程序性机制功能日渐凸显。（图3）

图3　太仓社会工作机制群划分

（三）构建"本土+专业"社工人才分层驱动力

太仓市抓住"社工人才"这个核心要素，采用分层驱动方式，实现社会工作本土化和专业化协同发展。在着力"核心引领"上，发挥政策优惠、乡土人情、科研合作等资源引力作用，予以社会工作核心人才充分的尊重和自主创新发展的支持，并将社工代表推向更高的社会地位和政治地位，吸引1名社会工作博士后扎根，同7家高校的专家达成长期科研合作意向，带动社工行业"专业性"整体跃升。在抓"中层支撑"上，聚焦社工机构和项目的中层管理人才，坚持重点扶持原则，通过推动职业进阶、培育本土督导等举措，使太仓成为社工人才集聚高地，4名高级社工师、270名中级社工师、57名社工硕士长期扎根太仓，经统计，太仓社会工作团体和个人共获得47项省级及以上荣誉。在推进"群体帮带"方面，太仓作为没有高校开设社会工作专业的县域城市，连续4年举办社工员习训班，采用"传帮带"机制以老带新，辅以继续教育专业化机制，促进本土社工从"实务型"向"专业型"快速转化。（图4）

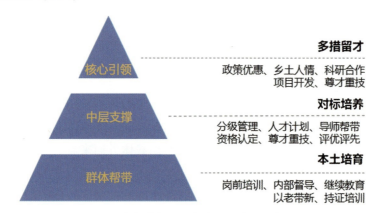

图4　太仓社会工作人才分层培育示意图

二、专业扩散：在协同发展中创生社会工作样态

社会工作样态阶梯式发展和迭代升级是社会组织演化生成、服务网络拓域外展的系统工程，是一个学习模仿、分化转型和结构优化的再造过程，也是专业性社会工作与行政性社会工作协同发展的过程，呈现出专业扩散、创新扩散的系统特征。

（一）构建"社区—人群"社会工作发展谱系

太仓专业社会工作从2010年起步，经过10多年发展，逐步形成了12个社会工作样态的发展谱系，社会性、专业性成长曲线呈现出高位阶段发展态势。从社会工作的发展样态来看，社会现代化更加关注人的现代化，社会工作实践取径也沿着人的现代化脉络演变发展、迭代深化；专业扩散的路径从"社区"社会工作演进到社会特殊"人群"社会工作，从面对"大社会"向"角落里"发力转变，催生了助残、双拥、学校社工等样态，预防和化解社会边缘化，强化社会联结，实现了源头式治理。从社会工作发展的内生逻辑来看，社会工作的样态是伴随着社会结构变迁、基层治理变革而生发的。考察太仓社会转型、现代化的发展过程，从2010年至2020年这10年间，太仓市的人口结构、家庭结构、城乡结构、收入结构变化明显，衍生出新市民社会融入、人口老龄化、计生家庭照护等社会痛点、堵点和难点问题。社会工作作为专业的"社会医生"，在社会结构变迁的宏观背景下应运而生、应势而动，社工样态随着现代化建设进程不断创新发展。（图5）

社工类型	服务对象	角色扮演	职业素养
全科社工	社区	"连接处"：社区动员、资源链接	重社会性：沟通交流、协调
专域社工	人群	"角落里"：困弱群体服务	重专业性：专业领域个案和小组服务能力

2010—2013年	2014—2016年	2017—2019年	2020—2022年
社区社工 老年社工	特殊计生家庭社工 助残社工 司法社工 禁毒社工	慈善社工 青少年社工 学校社工	双拥社工 企业社工 医务社工

图 5　社会工作样态发展谱系

（二）打造"专业—引领"社会工作的行业生态

在短短10多年时间里，太仓的专业社工机构、慈善和志愿服务类的社会组织快速发展。社工机构自身发展也从强依附到自主独立，从弱专业性到强专业群，建立了稳定有序的"社工生态系统"。

在社工机构的体系链上，有3类社工机构发挥了示范、引领、枢纽的作用，彰显出县域特色。一是研究型社工机构。中国社会科学院、华东师范大学、华东理工大学等高校的专家学者、毕业生来太仓创办社工机构，这种实践体现出了一种政府有为、社会有位、专业有效的良性互构，实现了学术和实务的联动，有效推动了社会工作的高位阶、专业化发展。二是枢纽型社工机构。这些机构在感知居民需求、专业服务辐射能力、行业服务标准制定上具有话语权，推动了太仓社工机构的高质量发展。特别是3家学校社会工作、老年社会工作的枢纽型社工机构创设了驻校社工等新样态，参与了省、市标准化项目的制定工作，成为行业领军型的社会组织。三是本土成长型社工机构。太仓市本土成长起来的社工专业毕业生回太仓创办社工机构，他们有深厚的家乡情结和专业认同感，具有资源链接、政社互动的先发优势和本土成长的文化自觉，推动机构成为社工领域的标杆型机构，2名社工机构负责人已经成长为省、市社会工作领军人才和中国百名社工人物。

（三）建立"衔接—协同"的社会工作服务网络

太仓市注重运用系统思维整体建构"县域社会工作服务中心（社工总站）—街镇社工站—村（社区）社工室"的服务网络，在"定位、对位、错位"中实现高质量专业化发展。从组织架构上的协同联动来看，太仓从"发现—组织—实施"专业社工服务纵向链条着手整体设计组织架构和功能定位，市、镇、村（社区）社工三级平台之间功能分区、协同配合，体现了服务"特殊群体"的总定位，是一体、专业、社会服务的发展共同体，克服了社工站职能定位上的单维度设计策略，规避了箱格化、分离式的设计路径，实现了"整体社会工作"的价值取向。从任务规划上的衔接并进来看，社工站、不同样态的社会组织和专域社工室建立了整体性横向关联,在不同场域内实现任务和服务协同。改革实践中,社工站统筹设计镇域内专业社会服务"需求、资源、供给"3份清单,加强与社会组织、专域社工室的综合协同,实现任务规划的衔接并进。(图6)

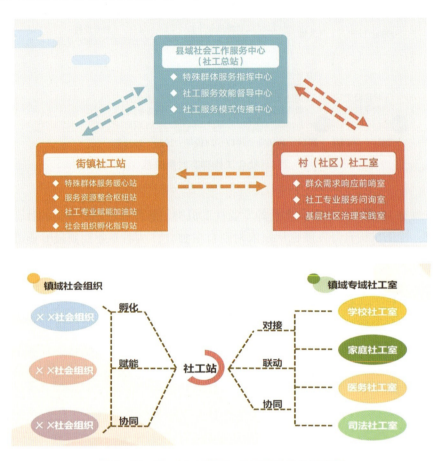

图6 市、镇、村(社区)社工三级平台构建图

三、整全服务:在融合发展中彰显专业价值

社会工作以助"整个"的人的发展为导向,以整体治理视角、整全服务取向,推动专业社会工作与行政性社会工作的融合发展,解决政府行政性服务中的难点、痛点,回归社会工作的专业性,以服务对象、过程、方式的整全性,走出社会工作高位发展的新路径。

(一)实现"困弱对象—临时困境"服务对象的整全

在社会工作服务对象的设计规划上,探索将每一个社会成员群体、每一个社会成员、每一个年龄段成员的"困弱对象"纳入服务范畴,着力实现服务对象的"全域性"。在服务对象的选择上,一方面将低保户、低保边缘户、特贫人员、困境儿童、失能失智和空巢独居老人等民政服务对象纳入服务对象;另一方面还主动将精神病患者、社区司法矫正人员、社区戒毒人员、重点安置帮教对象等行为偏差人员，以及重要成员变故家庭、可能有极端性行为倾向等的临时困境人员纳入服务范畴，形成了有15种服务对象的网络结构（图7）。在服务对象挖掘上，联动社区网格员、楼栋长、社区志愿者团队等自治群体，采取"社工室转介+网格员发现+专域社工联动"等方式，发挥基层网格在发掘特殊人群需求上的本土优势，构建起全域主动发现、协同配合的有效机制。

图7　社会工作服务对象网格结构

（二）实现"事中关注—全域支持"服务过程的整全

在整全性的支持系统上，建立个人、家庭、社区、社会的全链条支持网络，建设社会动员系统和资源中心，突破个体周围支持，走向全方位、多角度的介入，建立"事前—事中—事后"相衔接，适宜、适配的社会支持综合系统。如针对困境儿童的社会服务和终身发展，建立了分布式、立体化的社会综合支持系统（图8）。事前通过民政部门未成年人保护工作中心和街镇未成年人保护工作站，摸排困境儿童学业、身心发展，以及家庭成员情况，形成基础信息群。事中通过社工站联合学校社工室、街镇青少年社会工作事务中心，根据排查情况联合开展个案、小组服务，并协同县域家庭教育中心，进行联合干预和指导，从个体心灵重塑、社会网络搭建、社会资源链接等多个维度帮助困境儿童走出困境。事后，通过县域学生职业生涯指导中心、学生就业指导中心，关注学生终身发展中的学业指导、生活指导、生涯指导、心理指导，培养出社会需要、多元发展的时代新人。针对困难群体、老人、行为偏差人员，建立"行为特征识别"和"关注上报问题"两份工作清单，探索建立多元、协同、复合的社会综合支持系统，帮助他们链接社会资源，调适社会关系，培育发展能力，预防社会问题的发生。

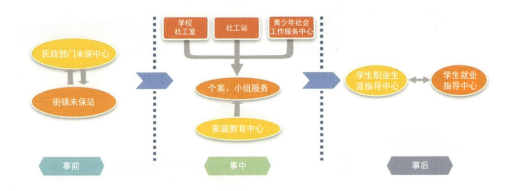

图 8　困境儿童社会综合支持系统

（三）实现"任务流转—数智赋能"服务方式的整全

在成立社会工作服务中心的同时，着手研发了"社会工作服务信息管理系统（1.0版）"，采用"网格发现需求—联动平台派单—指导中心处理—社工机构服务"模式，实现"任务流转"的过程管理。积极探索从"任务流转"到"数字赋能"的发展转型，对任务规划进行重新建模，再造社会工作服务流程，研发服务对象评估、个案和小组服务、跟踪督导、满意度评价等环节的报表、文书，社会工作服务指导中心可以"一屏统管、一体智管"，实现对社工服务的全闭环管理、全过程监控、全环节支撑、全服务留痕，使得服务更专业、高效、透明。

太仓市将继续探索新时代县域社会工作高质量发展的新路径，推动政策创制再发力，助推社会组织蓬勃发展；推动社工素养转型再发力，助推社工专业服务得到广泛认同；推动整全服务全域支持，助推服务对象获得感全面跃升。

引育发展，催壮根系
——太仓社会组织高质量发展实践路径

赵 健　胡天立

党的十八大以来，太仓市深入推动社会组织改革发展，全市社会组织呈现出覆盖广泛、类型多元、充满活力、质效齐升的良好态势。各类社会组织积极践行服务国家、服务社会、服务群众、服务行业的发展宗旨，在推动经济社会发展、促进民生福祉改善、繁荣公益慈善事业、助力全域乡村振兴、持续优化营商环境等方面做出了积极贡献，成为推进太仓经济社会高质量发展的一股重要力量。

一、主要发展历程

太仓市的社会组织发展是与全市经济社会发展和政府职能转变进程紧密相关、同步推进的。太仓市自2008年在全国率先开启了以"政府放权归位、激活基层自治动能、引导多元主体广泛参与社会治理"为主要内容的"政社互动"创新实践，这为社会组织的发展壮大和功能发挥提供了有利条件。太仓市的社会组织也从此走上了发展壮大、优化提升的成长之路。回顾太仓市社会组织的发展之路，大致可以分为初创发展期、培育加速期和提质优化期三个阶段。

第一个阶段为初创发展期，时间从2008年到2012年。这一时期，太仓社会组织发展在探索中缓缓起步。在此之前，社会组织数量不多，且大多数是由政府部门设立或者有政府背景的组织，社会团体占比较大。当时，政府与社会组织主要是管理与被管理的关系，政府层面并没有培育扶持服务社会组织的政策。党的十七大提出要"重视社会组织建设和管理"，此后，太仓市积极响应上级精神，结合"政社互动"实践探索，加大力量推动社会组织发展。2008年试点社会组织登记备案双轨制，将城乡基层的各类社会组织纳入备案管理范围。2009年出台《关于加强社区社会组织建设与管理的意见》，推动社区社会组织发展。2010年太仓市民政局组建社会组织管理科，配置专门力量做好社会组织工作。2011年成立太仓市社会组织工作领导小组，全面加强对本市社会组织工作的统筹领导，同年试点对慈善类、社会福利和服务类社会组织进行直接登记，并启动研究探索政府购买社会组织服务。2012年，太仓市在全省率先组建县级社会组织服务中心，为社会组织孵化服务提供平台，首期入驻10家初创社会组织，还启动了社会组织公益创投，首批13个社会组织服务项目共获得135万元资助。通过一个阶段的初创发展，太仓市社会组织从2008年的214家（社团147家、民办非企业单位67家）增长到2012年的330家（社团186家、民办非企业单位144家），增幅达54.2%。社会组织迎来较好的发展势头。

第二个阶段为培育加速期，时间从2013年到2018年，这一时期，太仓社会组织无论是在数量、质量上，还是在服务覆盖面、发展领域方面都迎来了高速增长。党的十八大提出"积极推进社会组织改革发展，加快建立现代社会组织体制"。以此为契机，太仓社会组织建设迎来了蓬勃发展。在此期间，太仓市连续出台了《社会组织数量倍增实施计划》《关于确定具备承接政府职能转移和购买服务资质的社会组织目录的实施办法》《太仓市加强资金支持促进社会组织和社会工作发展暂行办法》等政策文件，不断在社会组织培育和项目资金支持上加大力度。依托市级社会组织孵化培育基地的示范引领，启动了镇级社会组织培育孵化基地建设，到2014年实现镇级社会组织服务中心全覆盖。2016年在苏州地区率先成立县级社会组织党委，全面加强党对社会组织工作的领导。在规范管理方面，出台《关于加强太仓市社会组织规范化建设的意见》，开展行业协会商会与政府脱钩改革，启用社会组织登记管理信息系统，在线开展登记、年检等工作。开展社会组织等级评估，促进规范管理，评树优秀社会组织。2018年，我市登记社会组织达到881家的高峰（社团212家、民办非企业单位668家、基金会1家），获评等级社会组织超过100家，政府购买社会组织资金超4千万元。

第三个阶段为提质优化期，时间从2019年至今，这一时期，全市社会组织结构进一步优化，质量进一步提升，社会组织规范健康发展成为主题。党的十九大提出"加强和创新社会治理，维护社会和谐稳定"，在充分激发社会组织活力的基础上对社会组织的规范发展提出了新的要求。随着国际、国内形势的变化，上级部门也将社会组织工作的重点由增量扩面转移到规范运作、有序发展上来，对社会组织发展提出了"减量提质"的要求。太仓市积极围绕社会组织精简提质做文章。一方面，加大对优质社会组织的培育扶持力度。继续加大政府购买服务力度和范围，引导、鼓励各政府部门在多领域购买社会组织服务，开展部门联合公益创投，在购买服务项目和资金量上又有了进一步提高。同时在资金奖补、孵化、资源链接、教育培训、项目辅导等方面给予优质社会组织有力支持，推动一批专业性强、发展理念好、服务成效优的社会组织做大做强。另一方面，推进规范治理工作，出台登记管理和监督管理等一系列规范性文件，编制社会组织登记办事标准化流程和文书表单模板，制定社会组织内部管理制度标准样本，开展"双随机"抽查与部门联合执法检查，提高社会组织规范化程度。开展评比表彰、收费、分支机构、非营利性、涉外活动、"僵尸型"组织、非法组织等多次专项治理行动，同时推出注销简易程序、容缺注销等措施，打击整治了一批违法违规组织，清退了一批低质无效组织，社会组织得到了有效精简。截至2022年年末，太仓市共有已登记社会组织517家（社团219家、民办非企业单位297家、基金会1家）（图1），备案社区社会组织1682家。全市每万人拥有已登记社会组织10家，城市和农村的社区分别平均拥有社区社会组织13.2家和8家。全市获评等级社会组织317家（5A等级3家、4A等级16家、3A等级95家、2A等级146家、1A等级57家）（图2）。广大社会组织活跃在养老、教育、卫生、文化体育、法律服务、特殊困难群体帮扶以及生产行业、商业等各个经济社会领域。

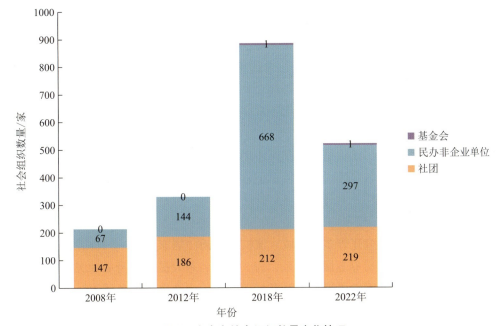

图1 太仓市社会组织数量变化情况

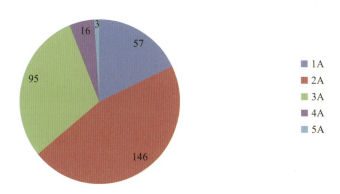

图2 太仓市等级社会组织分布情况

近年来，在众多阶段性重点发展的社会组织中，根据其性质特点和作用发挥，有几类组织特别引人注目。

一是专业型组织。该类组织有较强的专业能力，在社会服务的某些细分领域具备专业优势，可以在本专业服务领域担负起引领作用。典型代表有太仓市瑞恩社会工作发展研究中心。该组织成立于2015年，创办人是中国社会科学院社会学博士后陈维佳。该机构专注于学校社会工作，从"发展—预防—干预"三个维度构建家校社育人体系，致力于推动太仓市未成年人保护工作。该机构已入驻并服务太仓市多家中小学。该机构现有社会学博士1名、社会工作硕士2名、省市级社会工作领军人才3名，机构员工中专业人员占比在90%以上，先后荣获国家级荣誉1项、省级荣誉10项、市级荣誉40多项，连续6年获得江苏省优秀社会工作项目/案例一、二、三等奖。另一家典型社会组织是太仓市启航青少年事务服务中心。该组织是专业型的青少年社工机构，2021年获评5A级社会组织，目前机构持证社工占比为83%。机构业务涵盖青少年成长发展、青少年合法权益保护、青少年违法犯罪矫正三大方面，对青少年开展社区矫正、司法观护、社会融入、正面成长等专业服务，致力于护航青少年健康成长。该中心成立8年来已累计完成青少年服务项目117个，开展青少年个案服务805例，有小组100多个，开展爱心课堂1万多次，共计服务青少年及其家庭25万余人次。

二是枢纽型组织。该类组织是在人才集聚、业态发展、专业融合、标准示范等方面起指导性作用的联合性、行业领军型社会组织。典型代表是太仓市德颐善社会工作发展中心。该机构是太仓首家5A级社会组织，也是太仓市目前规模最大的民办非企业单位，现有全职员工700余人，业务涵盖养老服务、社区服务、社会工作管理督导、社会组织党建等多个领域。该机构依托"居家养老""日间照料""长护服务"等项目探索乡村养老服务体系，为3万余名老人提供"身心社灵"等多元化服务，由民政部养老服务司编写的《县域养老——太仓养老服务透视》一书对德颐善的服务模式进行了介绍。该机构作为太仓市社会工作指导服务中心的运营方，参与了苏州市地方标准《基层社工站（室）建设与管理规范》的制定。该机构还获得了"江苏省养老服务连锁化品牌机构""苏州市为老服务工作先进单位""苏州市优秀社工机构""江苏省支部书记工作室示范点"等荣誉称号，对太仓社会组织能力发展和服务水平提升起到了积极作用。

三是本土型组织。该类组织是由太仓本土成长起来的社会组织专业人才在太仓创办的。他们有着较深厚的家乡情结和专业认同，能够更加贴近本地居民的需求开展具有亲切、亲密、亲情特点的服务，能更好地获得本地群众的接纳和认可。典型代表有太仓市欣诚社会工作服务社。该机构是由太仓本土社工人才屠燕红创办的。欣诚立足太仓社区服务实践，以专业化、职业化、本土化为发展目标，探索建立了特有的"以社区综合服务为基础，志愿综合管理为主轴，社群精准服务、专项精准服务为支撑，空间托管服务、支持发展服务为延展"的立体化服务体系。该机构已获评江苏省文明单位、苏州市优秀社会组织，2022年又获评5A级社会组织。现有江苏省社会工作领军人才1名、苏州市社工专业人才"先锋代表"2名、太仓市社会工作重点人才3名。屠燕红本人曾获得"2017年度中国百名社工人物""首届江苏省'最美社工'"等荣誉称号。

四是志愿公益型组织。该类组织以公益志愿理念聚合社会力量，引导公众广泛参与公益志愿服务，弘扬新时代文明新风。典型代表是太仓市义工联合会。该组织是在本地的志愿者网络论坛太仓公益网的基础上发展起来的，之后正式登记为社会组织。义工联合会秉承"服务社会，传播文明"的宗旨，积极倡导"参与、互助、奉献、进步"的义工精神，自成立以来，组织开展了献血、关爱老人儿童、关怀病残人员、助学帮教、法治宣传、灾害救助等各类公益活动600多场次，在社会上取得了良好的反响。该组织吸引了众多爱心人士志愿加入，目前会员已达5000多名，已成为本地区极具公益影响力的志愿服务组织，在促进文明城市建设中发挥了积极作用。

二、重点举措成效

太仓市以"政社互动，五社联动"为总抓手，以建立"政社分开、权责明确、依法自治的现代社会组织管理体制"为目标，始终坚持一手抓社会组织培育发展，一手抓社会组织规范管理，持续强化党建引领，深化管理体制改革，优化培育发展举措，严格监督执法，促进全市社会组织良性健康发展。

（一）党领共治，建立健全社会组织"开放式"党建

加强党的领导是促进社会组织健康有序发展的最根本保证。太仓市准确把握社会组织的特点和发展规律，坚持党的领导与社会组织依法自治相结合，不断创新完善社会组织党建体制机制，积极探索党领共治下社会组织"开放式党建"实践的新路径，有效推动社会组织党建落地、落实、落细。

一是完善社会组织党建工作机制。全面落实社会组织党建工作管理机制。在市委"两新"工委指导下，建立社会组织党建工作联席会议制度、党建指导联络工作制度、党建工作经费保障制度，统筹全市社会组织党建工作。完善"三同步""六导入"党建工作机制，在社会组织登记、年检、等级评估、换届、购买服务、评先进时导入党建要求。加强对社会组织党建工作的研究，推出"开放式党建"的工作模式，系统构建共同学习、共同活动、共同服务、共同提升的管理服务新机制，改变以往党组织活动局限于特定区域和领域、受限于上下隶属关系的相对封闭的形式，实现党的组织和党的工作在社会组织领域有效覆盖。

二是推动社会组织党建融合发展。太仓市在苏州地区率先成立市级社会组织党委，全面加强党对社会组织的领导，党委下设11个党支部，有党员89人，并联系全市50个社会组织基层党组织和300多名社会组织党员。全市镇级社会组织区域党群服务站和镇级社工站党建阵地均实现全覆盖。积极响应上级要求，组建社会组织"大党委"党建联合体，推动社会组织与机关部门、社区、企业、学校建立党建联盟，组建7个党建联合体和2个党建联盟（图3）。社会组织党建与社区党建、单位党建、行业党建互联互动，有效整合党组织活动阵地、人才队伍、文化内涵等党建资源。开展"党旗领航、诚信自律"主题教育，举办社会组织党建创新发展推进月、"党建携手、益动娄城"等主题活动，引导社会组织党员发挥模范带头作用。

2021年，新建立市级社会组织党群服务中心，进一步发挥优化党建平台的服务功能。

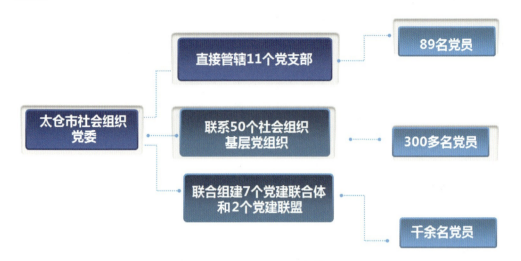

图3 太仓市社会组织党委的构成

三是擦亮社会组织党建服务品牌。不断优化社会组织党建服务功能，擦亮服务品牌；聚合社会组织党员、社区党员志愿者、红色社工、民政系统党员志愿者等多方力量，组建社会组织"三社先锋"志愿服务队，聚焦民生服务，积极参与志愿服务行动及基层社会治理。市社会组织党委发布"五行为民、五力提升""党建三携手""商圈党群红纽带"等十大党建服务品牌，将为群众办实事作为工作的出发点和落脚点，助推社会组织全面参与基层社会治理，每年服务各类商家、企业和群众达4万多人次。市社会组织党委大力选树优秀项目，培育优秀组织，打造创新品牌，涌现了一批江苏省优秀党务工作者、苏州市党代表等社会组织党员典型，多个党建项目及案例在全国、全省获评百优社会工作案例、优秀志愿服务项目。太仓市社会组织党委获评全市四星级基层党建示范点、全省首批社会组织党建工作示范点，党委下属多个支部获评全市"动力工程"五星级党支部。

（二）守正创新，积极培育支持社会组织健康发展

太仓市以政策支持为引导，以机制创新为主线，以培育孵化为重点，努力帮助社会组织解决发展难题，不断优化社会组织发展环境，促进社会组织蓬勃发展。

一是完善政策体系创制。近年来，太仓市先后出台了《太仓市"三社联动"实施计划》《关于加强太仓市社会组织规范化的意见》《关于印发太仓市政府向社会购买服务实施细则（试行）的通知》《关于推进综合网格+社会组织服务实施方案（试行）》等框架性文件，以及社会组织登记管理、社会组织承接政府职能转移和购买服务资质管理、重点社会组织扶持、社会组织公益创投、社会组织人才培养等一系列配套政策文件，构建起较为完善的具有太仓特色的社会组织培育发展的制度政策体系。

二是构建孵化培育网络。太仓市在全省率先建成覆盖市、镇两级的社会组织服务中心，发动司法、共青团、妇联等部门建立专业领域孵化器，为初创社会组织提供免费入驻孵化服务。全市形成了1个市级孵化中心、9个镇级孵化中心、4个部门孵化中心以及遍布城乡社区的孵化培育网络，为各类社会组织提供孵化、咨询、评估、培训指导、项目资源链接等服务，有效提升了社会组织的自身发展能力，市、镇两级基地已培育孵化社会组织超100家。（图4）

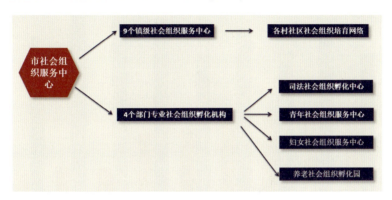

图4　太仓市社会组织孵化培育网络

三是加强专业人才培养。组建太仓市社会组织创新发展学苑，举办"星火讲师创造营"，将学习理论知识与服务实践相结合，着重打造一批本土讲师，完善一批本土课程，推广一批本土经验。学苑开发了星火计划、领航计划、粹炼计划、先锋计划等四大课程体系，开发"星火课程"39门，培养"星火讲师"42名，培训学员达2700多人次。太仓市还定期举办社会组织增能培训班、社会组织精英人才培训班，社区社工员习训班，对社会组织骨干人才及社区一线社工进行专业理论、政策法规、专业素养培训，全面提升社会组织专业人才的综合能力。年均培训达1000余人次。

四是加大项目扶持。加大对社会组织的资金扶持力度，给予重点领域社会组织3万元的一次性开办补助，给予获评等级的社会组织最高1万元的奖励，给予社会组织重点专业人才持续3年每年1.5万元的补助，给予社会组织专职社工岗位持续3年每人每年最高6.6万元的社保和收入补助。扩展政府购买社会组织服务的领域和范围；编制具备承接政府职能转移和购买服务资质的社会组织目录；搭建"社创交易所"平台，为社会组织与政府部门牵线搭桥。近年来，统战、司法、卫健、团委、妇联、红十字会等多个部门委托社会组织开展了大量社区服务项目，签约项目100余个，涉及社会治理、应急救护、关爱青少年、法治宣传等多个方面。民政部门在养老服务、社区建设、特困帮扶、关爱未成年人等领域大力推进购买社会组织服务。太仓市还连续举办了十届社会组织公益创投活动，每年福彩公益金，支持社会组织面向社区开展扶老、助残、救孤、济困等公益服务项目，累计服务群众超30万人次（图5）。太仓市还采取"镇（街）购买、社区落地"的方法，向专业社组织购买社区服务,由社会组织向项目社区派驻专职社工,负责开展邻里访问,组织邻里活动,培育邻里社团,提供邻里服务,目前项目落地社区已达到89个,实现城市社区全覆盖,农村社区覆盖率超30%。经过数年推广,目前太仓市、镇两级年购买社会组织服务资金超6000万元,累计超5亿元。

图5 太仓市历年来公益创投资金量和项目数情况

(三)完善监管,有效增强社会组织登记管理质效

太仓市不断加强社会组织监督管理,通过完善管理制度,严格执法检查,深化等级评估,不断加强登记管理和事中事后监管,构建规范有序的社会组织监督管理体系。

一是依法依规登记管理。2020年出台了《太仓市社会组织登记管理实施细则》,并配套出台了社会组织名称管理、负责人任前公示、法定代表人离任审计等一系列规定,严格审查社会组织名称、业务范围、章程、从业人员等登记基本条件,确保要件合法合规。2021年编制了"社会组织登记管理办事流程清单"及标准化文书模板,规范社会组织成立、变更、注销登记流程,确保手续规范。按照国家关于四类社会组织直接登记的相关政策,对符合经济社会发展需要的行业协会商会类、科技类、慈善类、社区服务类社会组织降低门槛,简化手续,实行直接登记,现有直接登记社会组织162家。

二是严格落实日常管理。成立太仓市社会组织管理工作联席会议,明确部门职责,强化部门联动,压紧压实各部门管理责任。做好社会组织年检工作,依托社会组织综合管理信息系统,每年定期开展社会组织网上年检,简化流程及所需提供的材料,对民政部门已掌握的资料不再要求社会组织提供,社会组织只需跑一次完成登记证盖章即可,这大大提高了年检效率。通过政府官方网站和民政局官方微信对年检结论进行公示。针对年检报告和日常管理中发现的问题,及时与社会组织和相关业务主管单位沟通，督促整改。开展社会组织等级评估，健全第三方评估机制，完善评估流程和标准，通过评估促进社会组织内部治理更加规范。截至2022年，全市共有317家社会组织获评等级，其中3A以上等级占比36%。

三是加强行政执法治理。2020年出台了《太仓市社会组织监督管理实施细则》以及财务管理、抽查检查、重大事项报告、受理投诉举报、负责人约谈等监管规定，进一步明确监管内容，细化监管措施。开展社会组织双随机抽查，按照每年不少于5%的比例抽查社会组织，并与教育、财政等部门开展联合抽查，针对发现的问题，下发整改通知，督促社会组织整改到位。完善社会组织退出机制，开展"僵尸型"社会组织清理整治行动，对长期不活动、不年检、名存实亡的社会组织实施清理，2022年，给予4家社会组织撤销登记的行政处罚。开展社会团体分支（代表）机构专项清理，督促排查出的40余个社会团体分支机构完成备案、更名等工作。深入开展打击整治非法社会组织行动，联合政法、公安等部门打击非法社会组织，2021年依法取缔1家非法社会组织。

三、新时代发展愿景

在推进太仓经济社会进入高质量发展的新时代背景下，社会组织发展也将迎来新的机遇。太仓社会组织发展要深入贯彻落实党中央和各级党委政府关于社会组织改革发展的任务要求，坚持党建引领社会组织发展，建立完善新型管理体制机制，有效激发社会组织内在活力和发展动力，促进社会组织在太仓市社会治理现代化进程中发挥更大作用。

一是进一步加强社会组织党建引领。积极探索社会组织党建工作的新思路、新理念、新方法，健全完善社会组织党建工作体制机制，创新"开放式党建"工作措施，加强党建工作基础保障，在各类社会组织中扎实推进党的组织和工作有效覆盖。充分发挥社会组织与党组织的政治核心作用，坚持党的领导与社会组织依法自治相统一，更好地组织、引导、团结社会组织及其从业人员，保证其政治方向，激发其组织活力。以党的建设引导社会组织健康发展，使党在社会组织助力经济社会高质量发展中的各项决策部署得以贯彻落实，让社会组织自觉地把自身发展与经济社会高质量发展结合起来，提高党建引领社会组织有效参与经济发展、社会治理的制度化和规范化水平，并通过制度化建设和规范化建设，确保社会组织参与的有效性和精准性。

二是进一步深化管理体制机制改革。着力解决社会组织改革发展面临的困难和问题，注重增强法治思维，加快完善社会组织政策制度体系，推进已有相关制度的修改完善。健全社会组织管理协调机制，推动各职能部门严格依法履行管理服务职责，完善综合监管体制机制，确保社会组织工作在法治轨道上运行。研究完善社会组织登记制度，重点规范直接登记范围、登记审查流程和综合监管体制，进一步深化"放管服"改革，优化登记办事流程和注销清算程序。建立健全登记管理机关、业务主管单位、行业管理部门、相关职能部门协同配合的制度机制。

三是进一步推进培育壮大扶持服务。优化政策支持环境，对社会组织实施分类引导，探索社会企业发展路径，共同助力经济社会高质量发展。健全完善政府向社会组织转移职能和购买服务的长效机制，鼓励、支持社会组织参与基层社会治理和民生保障。鼓励基层加大实践创新，吸收社会组织力量，破解社会治理难题，合力建构政府、市场和社会多元参与的治理格局，探索分领域建立社会组织人才培养基地和综合服务平台，培养社会组织领域的专家队伍和领军人才。加强各级社会组织孵化培育基地建设，明晰功能定位，创新服务方式，拓展服务范围，提升综合服务效能。进一步落实和完善财税支持、人才激励等制度措施，通过公益创投、项目支持等方式，扶持一批优秀社会组织公益服务项目，发展一批规模大、作用发挥显著、示范性强的品牌社会组织，促进社会组织整体质量提升，持续激发社会组织助力经济社会高质量发展的动力。

四是进一步提高事中事后监管效能。建立完善与社会组织年检年报制度相衔接的信息公开、信用管理、抽查检查等制度，推进多部门联动的社会组织负责人联合审查机制；进一步引导社会组织健全法人治理结构，完善内部控制机制，规范开展制定章程、换届选举、收费、评比表彰等活动；进一步引导社会组织踊跃参加等级评估，在日常管理和制定政策过程中加强评估结果运用，争取到2025年实现3A以上等级社会组织在社会组织总量中占比超过25%；大力推进信息化建设，畅通各部门有关社会组织的信息共享渠道、社会组织信息公开渠道和社会监督渠道，运用"互联网+"，提高管理和服务水平；加快社会组织信用体系建设，落实社会组织失信联合惩戒制度；增强社会组织执法力量，探索推动建立联合执法机制，依法查处社会组织违法违规行为，取缔各类非法社会组织，为社会组织高质量发展营造良好的环境。

现代社会工作创制生成的政策路径
——太仓市社会工作发展 17 年制度创新回顾

顾群丰

自 2006 年 10 月中共中央十六届六中全会做出"建设宏大的社会工作人才队伍"的战略部署至今已有 17 年。17 年来，针对社会工作面临的新形势、新机遇和新挑战，太仓市立足县域发展实际，加强制度创新，为社会工作发展提供需求土壤。社会工作人才队伍不断发展壮大，社会服务的广度和深度不断拓展，社会工作在保障改善民生、创新基层治理、推动社会文明进步等方面发挥着重要作用。在梳理太仓社会工作发展脉络、总结其制度创新的鲜明特点的过程中，市委、市政府高度重视、民政部门履职尽职、相关部门同心协力、社会工作者专业有为是制度创新的关键之举，突出问题导向、强化责任担当、坚持创新发展是制度创新的基本经验。

太仓社会工作在教育培训中缓缓起步。 2008 年，我国首次开展社会工作者职业水平考试。太仓与全国其他地区一样，开始加强宣传发动。当时，社会各界普遍对社会工作不了解，也没有多少人愿意报考。太仓市民政局通过与周边高校合作，将社会工作专业的老师请过来，通过举办专题讲座、考前培训班、开展国际社工日活动等形式，让社会工作知识开始在娄东大地传播。当时，全国的社会工作都还处于萌芽阶段，国家层面上没有相应的政策法规，为鼓励民政领域的干部职工和城乡社区工作者报名参加全国社会工作者职业水平考试，太仓民政部门率先制定了相关的鼓励措施。例如，规定凡是 40 周岁以下的民政领域干部职工和城乡社区工作者都必须报考，考试及学习资料费用予以报销，并对考试通过者给予一定的奖励。这些早期的鼓励措施，为后来形成体系化的扶持政策提供了经验积累。

太仓社会工作在政社互动中不断前行。 2010 年 6 月，《国家中长期人才发展规划纲要（2010—2020 年）》颁布。2011 年 10 月，中国共产党中央委员会组织部、中华人民共和国民政部等 18 部门联合发布了《关于加强社会工作专业人才队伍建设的意见》。2012 年 4 月，中央 19 部委和群团组织联合发布了《社会工作专业人才队伍建设中长期规划（2011—2020 年）》。这些政策勾勒了未来一段时期我国社会工作发展的路线图。中央文件接连出台之际，正值太仓"政社互动"向全省推行、社会管理与服务机制持续创新之时，社会各界对政府转变职能、社区依法自治、社会组织协同参与已形成一定共识，普遍以开放包容的姿态来面对时代的新兴事物。

太仓市政府对社会工作的发展前景及其独特的专业优势产生了浓厚兴趣，认为政府在"政社互动"中让渡出来的管理和服务空间，需要专业的社会工作去及时"补位"。太仓还从社会工作的职业化、专业化发展的可持续性去分析，提出中国的社会工作应该先从富裕地区开始试点推行，走政府构建制度、社会构建专业的"双构建"之路。自此，太仓社会工作就搭乘上了"政社互动"这列快车，在持续推进社会转型、应对发展问题的过程中不断得到创新发展，最终推动了政策制度的迭代升级。

太仓社会工作在行政嵌入中落地生根。 国外社会工作历经了近120年的发展，我国在真正意义上开展社会工作才40多年，专业和职业化体系构建不完善，专业成熟度不足，需要教育引导，陪伴成长，需要不断学习、历练、埋头苦干，跌倒了再爬起来，才可能等来茁壮成长。因此在学步阶段，社会工作还需依靠行政推动，政府要承担起"家长"角色，给予社会工作更多的关心关爱，这也是太仓社会工作健康发展的宝贵经验。在中央文件接连出台后，太仓不等不靠，主动想方设法推进社会工作。2012年，太仓市委办公室、市政府办公室印发了《太仓市"三社联动"实施计划》，首次提出"加强社会工作专业人才队伍建设""培育民办社工机构""对新注册登记的民办社工机构，一次性补贴经费不少于3万元""大力开发社会工作专业岗位""大力推进政府购买服务""发展社会工作专业人才队伍"等要求。为了在社会普遍认知度较低的情况下推进社会工作，太仓设计了"嵌入式"发展路径。实践中主要以三种方式嵌入：一是工作"嵌入"。提出在城乡社区、养老机构、部分外企和民办学校设立社工室（部），对完成设立任务的给予一次性2万元补贴。二是专业"嵌入"。邀请教育、公安、司法、卫健、总工会、团市委、妇联、残联等部门，合作建立社会工作实训基地，并拨给每个实训基地每年5万元的经费用于开展各领域社会工作的实务培训。三是项目"嵌入"。由社会工作相关职能部门提出服务需求，民政部门以"公益创投"的方式资助项目完成，解决具体社会问题。"嵌入式"发展的背后是多部门的支持和行政力量的介入，它将社会工作由民政部门"独角戏"式的单打独斗，变成多部门"大合唱"式的同心协力，将社会工作服务从民政的社区服务、养老服务扩展到更加广泛的社会领域。至2014年，太仓城乡社区和养老机构社工室（部）的设置率达到80%，每年报考全国社会工作职业水平考试的人数达到200余人，社会工作开始被越来越多的人所认知。

太仓社会工作在突破瓶颈中攻坚前行。 社会工作有别于志愿服务，社工也有别于义工，是属于受薪人员。从社会工作发展的情况来看，民办社工机构服务领域更为广阔，机构业务收入的90%以上都来自政府购买服务。太仓认为发展社会工作必须拿出更多的"真金白银"，才能保证民办社工机构的生存发展，而发展初期的困境就是还没有成熟的购买服务机制。为此，2013年9月，太仓市政府办公室出台《太仓市政府购买社会工作服务实施办法》，为民办社工机构承接政府购买服务提供强有力的政策支持。在政策激励之下，苏州科技学院（今苏州科技大学）、江南大学等一些周边高校社会工作专业的老师相继在太仓成立民办社工机构，积极承接相关的社会服务。教育、司法、卫健、信访、团市委、妇联、残联等十多个部门自筹资金开始试行购买服务。民办社工机构、社会工作专业人才数量与日俱增。2014年，太仓被评为首批全国社会工作服务示范地区。太仓社会工作在取得一些成绩之后并没有自我满足、止步不前，而是对照上级的要求主动反思，查找差距，认为太仓社会工作的发展还处于初级阶段，需要突破的瓶颈很多，例如全市层面纲领性文件还没有出台，社会工作人才数量远远不足，激励机制缺乏，社会工作者职业化、专业化体系还未真正构建，社会工作者的专业能力与现实需求还有较大差距，民办社工机构业务单一、抵抗风险能力弱，政府对社会工作项目开发不够等。针对存在的问题，太仓决心进一步完善工作机制，创新服务措施，实现社会工作发展的新突破。2015年2月，太仓市委、市政府印发了《关于加强社会工作人才队伍建设，推进社会工作发展的意见》。文件提出要努力开创"党委统一领导、政府主导推动、社会组织运作、公众广泛参与"的社会工作发展新局面，并就大力推进社会工作专业化和职业化、科学设置社会工作专业技术岗位、不断完善以公共财政支持为主的经费保障体系、充分发挥社会组织在社会工作中的重要作用、积极调动广大志愿者协助参与社会工作5个方面做出了具体部署。这是太仓出台的第一个系统建构社会工作制度的专门文件，具有里程碑意义，也是太仓对前几年工作探索的创新思考。

太仓社会工作在政策扶持中积势蓄力。 太仓社会工作框架性文件出台之后，急需相关配套文件作支撑。2015年2月，太仓市委办公室、市政府办公室印发《太仓市加强资金支持促进社会组织和社会工作发展暂行办法》。2015年7月，太仓市政府办公室印发《太仓市社会工作岗位设置及薪酬待遇暂行办法》。2015年8月，太仓市人才办公室与太仓市民政局联合印发《太仓市社会工作专业人才计划实施细则（试行）》。2015年，太仓市民政局也相继印发《关于鼓励本地优秀高中毕业生报考社会工作专业的暂行办法》《太仓市社会工作岗位补助发放细则》《太仓市社会工作专业实习生管理细则》《太仓市社会工作研究生联合培养创新基地管理暂行办法》等文件。这些文件的出台推进了社会工作扶持政策的有效落地。经梳理，社会工作扶持领域的资金主要用于5个方面：一是用于鼓励民办社会机构的发展。除了给予一次性开办补贴3万元外，对运行困难的社工机构还给予不超过3万元的困难补贴，对入驻孵化器的社工机构给予每年3万元的孵化补贴，对社工机构招聘的大学生给予每人每年1.5万元的社会保险补贴。二是用于社会工作人才培训。对取得高、中、初级社会工作职业水平证书的人员分别给予一次性奖励2500元、1800元和1200元，对社区工作者取得证书的还分别给予每人每月800元、500元和300元的技术岗位补贴。对本市应届高中生报考社会工作专业的，每人每年给予1万元资助。三是用于社会工作人才引进。对引入社会工作博士和硕士的，分别给予30万元和20万元的安家补贴；对被评为太仓市社会工作领军人才和重点人才的，还分别给予每年2万元和1万元的薪酬补贴。四是用于社会工作岗位开发。对民办社工机构引进专业社工的,每人每年补贴6万元,连续补贴3年。五是用于社会工作载体建设。对社会服务机构设立社工室(部)的,每个给予一次性补贴2万元。对合作建立的社会工作实训基地,每个给予一次性补贴2万元并每年给予5万元工作补贴。据统计,从2015年开始,政府每年投入社会工作扶持的资金年度均在500万元以上。社会工作扶持政策的出台,再次掀起了民办社工机构发展的高潮,安徽大学、华东师范大学、江苏师范大学等高校的教师相继来太仓成立社工机构。至2016年,太仓社工机构由之前不足5家快速扩展到近30家,报考全国社会工作职业水平考试的人数突破400人,民办社工机构开始积极进入高校"招兵买马",相继引进博士后1名、博士1名、硕士研究生15名、专业本科生50余名,社会工作高层次人才队伍逐步壮大。太仓民政与相关高校互动频繁,积极开展项目课题研究,建立"大学生实习基地""研究生联合培养创新基地",启动社会工作人才联合培养计划,太仓社会工作开始呈现出欣欣向荣之势。

太仓社会工作在服务协同中走合相适。 观察太仓社会工作发展,同样具有"嵌入性发展""协同性发展""融合性发展"的过程特点。"嵌入性发展"类同于太仓"行政嵌入","协同性发展"主要是指在服务过程中的专业性社会工作和行政性社会工作相互合作与磨合。"融合性发展"是指磨合后最终密切合作,结成一体,实现服务成效的最大化。从太仓社会工作发展的需求来看,"嵌入性发展"阶段主要是解决社工机构"没有人"的问题,"协同性发展"阶段主要是解决社工机构"没项目"的问题。为此,太仓从2014年起就开始与中国社会科学院社会学研究所合作,为民办社工机构量身定制"邻里家园"社区社会工作服务项目。"邻里家园"寓意是"邻里相亲,共筑幸福家园",旨在为城乡社区引入专业社会工作服务,解决社区问题,满足社区需求,助推基层民主发展和提高社区治理水平。"邻里家园"项目依托政府购买服务,采取"镇(街道、区)购买、社区落地"的方法,向专业社工机构购买社区服务,由专业机构向项目社区派驻2名社工,负责开展邻里访问、组织邻里活动、培育邻里社团、提供邻里服务。2016年,在苏州要求全面推进社区服务社会化工作时,太仓立足实际需求,顺势推出"邻里家园"项目。2016年10月,太仓市政府印发《关于全面推进社区服务社会化的实施方案》,明确在全市10个村(社区)试点推行"邻里家园"项目,并要求每个试点村(社区)购买服务的经费不少于20万元,力争到"十三五"末,城市社区实现项目全覆盖,农村社区项目覆盖率不低于30%。"邻里家园"项目的实施标志着太仓社会工作正式进入"协同性发展"阶段。社工派驻到社区后,面临着专业性社会工作如何与社区工作者行政性社会工作适应与磨合的问题,重点是防止"行政吸纳"和"各自为政"。所谓"行政吸纳"是指将社工吸纳进社区行政体制,使其完全丢失专业性而仅满足于为社区工作的"伙计"。所谓"各自为政"是指社工服务"单打独斗",不愿接受社区指导因而偏离社区中心工作。在此过程中,太仓市民政局一手抓规范服务,一手抓工作融合。2016年12月,太仓市民政局印发《太仓市专业社会工作服务规范指引（试行）》，进一步明确社会工作方法、流程、主要记录、服务工时等要求，规范并提升社工服务水平。2017年8月，太仓市民政局印发《关于进一步做好"邻里家园"服务项目社区融合工作的通知》，提出做好项目目标、内容、管理的"三融合"。特别在管理制度上要求坚持"一月一交流""一月一上报""一月一指导""一季一汇报""半年一座谈""长期监测和评估"，并坚持每季度召开由乡镇、社区、民办社会工作机构共同参与的项目协调会，以此确保项目有效推进。为了增强社工服务能力、提升项目服务成效，从2017年起太仓市民政局连续举办了多期的社工员习训班、社会工作实务能力研修班、社工精英人才培训班。为稳定项目社工队伍，2018年，太仓市民政局印发《关于调整太仓市社会组织社会工作者薪酬指导标准的通知》，将社会工作者薪酬待遇指导标准提高到人均7万元。至2019年年底，全市已有89个城乡社区实施"邻里家园"项目，有近20家民办社会工作机构承接服务，政府全年购买服务经费达近1800万元，有近230名专职社工驻扎在社区一线。

太仓社会工作在参与治理中蓬勃发展。"邻里家园"项目设计的初衷是营造社区资本，打造熟人社区，属于中观领域的社会工作服务。为进一步推进社会工作开展，积极发挥社会工作在社区治理中的优势，2020年在"邻里家园"项目全面实施4年后，太仓市民政局对项目进行总结反思。从好的成效看："邻里家园"项目将社会工作服务网点前移到社区，将社会工作服务人才输送到社区，将社会工作服务资源下沉到社区，将社会工作服务方式融入社区，通过政府购买社区服务，在较短时间内汇聚了社工人才，壮大了社工机构，发展了社工职业，探索出了一条具有太仓特色的社会工作发展之路。从问题和不足看：因偏向于中观服务，致使居民个体的服务感受性不强；部分社工的专业服务能力不足，致使在部分个案和小组服务中难以达到预期的服务成效；因认识和理念的差异，"行政吸纳"现象较为普遍，对社会工作专业成长价值贡献不大。关于如何优化"邻里家园"项目，太仓认为只有坚守社会工作的专业性和有效性，才能体现出社会工作独特的价值和优势，才能更好地推进社会工作的发展。而社会工作专业性、有效性的成长要靠时间去积累，靠实践去磨炼，同时还要有良好的成长环境。为此，2020年5月，太仓创造性地提出了推进乡镇社工站建设，这比之后民政部提出全面建设乡镇社工站的要求整整早了一年。乡镇社工站作为肩负促进专业性、有效性的成长的服务载体，主要功能就是专门提供专业的个案和小组服务。太仓将"邻里家园"项目原派驻到村（社区）的2个社工撤回1个，转派到乡镇社工站（驻站社工）从事微观层面的个案和小组服务，留下1个继续从事中观层面的社区服务。在推进乡镇社工站建设的同时，太仓认为必须依靠从全市层面构建社会工作介入社区服务的工作机制，乡镇社工站才能发挥出更大的作用。于是又提出建设市、镇、村（社区）三级社会工作服务平台，依托社会工作职能部门提供长期服务对象名单，依托专职网格员、村（居）民小组长、楼栋长走访服务对象发现服务需求，依托"太仓市大联动服务平台"开发社会工作服务模块，打造"需求上报—平台派单—社工服务"的闭环派单流程，实现社会工作服务的及时、精准、有效和规范。2020年11月，太仓市委办公室、市政府办公室印发《关于推进综合网格+社会组织服务实施方案（试行）》，将推进社会工作介入城乡社区治理的设计构思变成政策机制。2021年4月，太仓市民政局印发《关于加强镇级社会工作服务站建设的实施方案》《关于加强城乡社区社工室建设的实施方案》，再次对社会工作服务载体建设、运行方式、服务流程、购买服务主体要求及经费测算等事项进一步明确要求。2021年6月，太仓市三级社会工作平台全面建成，社会工作服务实现"一网"流转。2021年10月，全江苏省乡镇社工站推进会议在太仓召开，乡镇社工站建设经验在全省推广。2022年1月，太仓市率先探索"支部建在站上"，成立了9个社工站党组织，大力实施乡镇社工站党建"牵手行动"。2022年3月，新冠疫情在太仓暴发后，广大社会工作者积极发挥专业优势，日夜奋战在抗疫一线，开展心理疏导、情绪支持、保障支持等服务。这些都标志着太仓社会工作"协同性"发展阶段已达到较高水平，社会工作服务已逐渐从重中观服务向中、微观服务两者兼顾转变，社区、养老、青少年、家庭、残疾人、戒毒、司法等专业领域的社会工作取得长足发展，社会工作介入城乡社区治理和服务的机制已初步建立，社会工作已成为社会新型服务业态，购买社会工作服务已成为政府加强基层治理创新的重要手段。

17年时间只是历史长河中极短的一瞬，但对于太仓社会工作来说，却是宝贵的黄金时间。纵观太仓社会工作17年的发展历程，可以发现制度创新始终是核心。17年间，太仓的社会工作制度实现了从无到有、从少到多、从粗到细、从泛到专，为构建更加系统与成熟的社会工作制度体系、助推社会工作的高质量发展奠定了扎实基础。在制度创新中，太仓社会工作人才队伍建设取得了累累硕果。据统计，截至2022年12月，太仓的持证社工人数已突破1200人，其中民办社会工作机构专职社工人数已达到400人；全市有3人取得国家高级职业水平证书，3人获评全国百名社工人物，4人获评江苏省社会工作领军人才、5人获评太仓市领军人才、24人获评太仓市重点人才。社工博士陈维佳被推选为第十六届苏州、太仓两级人大代表。社工硕士孙陈被评为全省百名优秀党务工作者，光荣当选苏州市党代表，同时也是苏州党代会主席团成员。正是基于对社会工作人才发自内心的尊重和爱护，人才的"产出"效应才得到充分释放。太仓在全省率先成立县级公立医院共生型医务社工服务站，承接制定江苏省《医院急诊医务社会工作服务标准》；学校社会工作项目列为教育部"政社协同视域下县域教育治理创新行动研究"课题的重要内容，"瑞翼飞扬"学校社会工作项目获评第九届林护杰出社会工作奖；乡镇社工站建设标准正式获批成为苏州地方标准，并成为江苏省战略性新兴产业和服务业标准化试点项目；以"邻里家园"项目持续深化为内容的社区治理项目分别获评2018—2019年度、2019—2020年度江苏基层社会治理创新成果奖。太仓社会工作亮眼的"成绩单"，得到了中国社会工作联合会的高度肯定，被称赞为"中国社会工作看江苏、江苏社会工作看太仓"。

回顾过往,是为了吸取经验;展望未来,是为了更好地出发。当前和今后一个时期,太仓社会工作将更加紧扣时代需求,坚持整全创新,在"融合共治"理念的指引下和既有经验的基础上,重点落实已出台的社会工作制度,继续围绕社会工作专业人才队伍建设、社会工作多业态发展、社会工作服务标准化试点,研究、出台更加具体化的专项制度,进一步推进社会工作的专业化、职业化和本土化进程,推动社会工作向"融合性"阶段快速迈进,让社会工作凝聚更强专业之力,砥砺更深助人情怀,助力拼出基层治理的"太仓速度",用责任担当和忠诚大爱继续守护万家灯火。

党建引领　政策驱动　梯度发展
——太仓专业社工人才队伍培养的本土化模式与实践

徐　燕

社会工作是职业性的助人服务活动，是新时代党做好群众工作的专业方法。践行以人民为中心，服务人民的使命比以往任何时候更需要注重新时代元素。社会工作既是面向服务对象开展的专业服务，也是彰显为民情怀的重要特征。习近平总书记指出，要发挥社会工作的专业优势，支持广大社工、义工和志愿者开展心理疏导、情绪支持、保障支持等服务。根据国家《社会工作专业人才队伍建设中长期规划（2011—2020年）》，中共中央组织部等18部门《关于加强社会工作专业人才队伍建设的意见》（中组发〔2011〕25号），江苏省民政厅等18部门《关于印发加快推进社会工作高质量发展意见的通知》和苏州市社会工作专业人才发展规划的实施情况，为了更好地培养本土社会工作人才，发挥社会工作人才在国家治理体系和治理能力现代化中的作用，太仓市结合县域的社会工作发展实际，提出了"党建引领、政策驱动、梯度发展"的社会工作人才发展思路。

一、太仓社会工作人才队伍基本概况

社会工作人才是以"助人自助"为宗旨，运用专业知识、技能和方法，进行困难救助、矛盾调处、权益维护、心理辅导、行为矫治等社会服务工作的专业人才，在协调社会关系、预防和解决社会问题、恢复和发展社会功能、促进社会和谐等方面具有独特优势，在加强党的领导、保障改善民生、创新社会治理、助力乡村振兴等方面发挥着重要作用。

党的十八大以来，太仓市着力推进社会工作人才队伍建设，以"政社互动"和"三社联动"为主要抓手，以"政策扶持、人才引领"为主导，通过"民政牵头、部门协作、资金引导、社会参与"等方式，不断完善社会工作体制机制，建立健全社会工作人才培育体系，推进全市社会工作事业高质量发展。截至2022年5月，太仓市共有登记社会组织526家，3A级以上社会组织108家，备案社区社会组织1682家，全市每万名户籍人口拥有社会组织数10家。2021年5月举办的长三角党建引领社会组织高质量发展专题论坛使太仓社会工作的影响力逐步从苏州走向长三角。社会工作专业人才的数量也位居江苏省区县前列，其中全国百名社工人物3名，江

苏省社会工作领军人才 4 名，苏州市认证社会工作督导 8 名，太仓市领军人才、重点人才 24 名，高级社工师 4 名；江苏省政协委员、优秀党务工作者、苏州市党代表、苏州市人大代表、太仓市政协委员等 6 名。太仓现有社会工作服务机构 46 家，持证社会工作者 1203 名，全市每万名户籍人口拥有持证社工人数 24 人。

二、太仓社会工作人才队伍建设实践路径

（一）坚持高位推进，重视社工人才发展的机制建设

1. 全方位完善社会工作机制

完善的体制机制建设为社会工作人才队伍发展奠定了基石。太仓市坚持以社会工作专业人才培育为关键，拓点扩面，在政策创新、队伍建设、人才培养、资金扶持等方面积极探索。早在 2008 年，太仓市就正式成立了社会工作人才队伍建设办公室，全市社会工作人才培育体系建设全面推进。社工人才引育机制、社工岗位开发机制、社工机构培育机制、社工岗位补助制度、社工人才薪酬待遇制度、政府购买社会工作服务制度等一系列制度相继出台，为全市社会工作的推进理清了思路、明确了目标、指明了路径。同时，太仓市"政社互动"社会治理创新实践在全国率先启动，经历了"清单式管理""引导式治理""能动性善治""融合共治"等四个时期，在此过程中，全市社会组织孵化培育和社会工作人才队伍建设快速推进。

2. 高标准纳入全市人才发展规划

自 2015 年起，太仓市深度推动社会工作人才创新发展，先后出台了《太仓市关于加强社会工作人才队伍建设推进社会工作发展的意见》《太仓市加强资金支持促进社会组织和社会工作发展暂行办法》《关于深入推进"娄东英才"工程的实施办法（试行）》等 20 多个文件，完善社会工作发展培育体系，组建专业社会工作人才队伍。2015 年 9 月，太仓出台《太仓市社会工作专业人才计划实施细则（试行）》，文件明确了社工人才的培养计划，这是太仓市社会工作专业人才队伍培养的重要开端。2020 年 12 月，太仓市政府印发《太仓市关于引育民生人才助推高质量发展的若干措施》的通知，文件再次将社会工作专业人才计划列为太仓市民生领域人才队伍建设的重要内容之一，要求进一步推进太仓"政社互动"创新实践，加强社会工作专业人才队伍建设，发挥社工人才在社会治理中的引领作用。文件明确，3 年内引进和培养市级社会工作领军人才 3 名、重点人才 20 名，开发 50 个社会工作专业岗位，培养 100 名社会工作骨干人才，社会工作服务覆盖社区治理、养老服务、学校教育等各个领域。

（二）持续孵化培育，构筑社工人才成长的平台体系

1. 多层次构建社会组织培育网络

为积极推进专业社工机构发展，太仓市通过横向联合、纵向联动的模式，积极打造以市社区和社会组织服务中心为主阵地、各镇级社会工作服务站为分中心、村

（社区）社工室为基本点的三级社会组织培育网络。目前，全市建立镇级社会组织服务中心9家，已实现全覆盖。对已建成的镇级社会组织服务中心，市、镇两级财政每年给予工作补贴5万元；村（社区）社工室实现全覆盖，对已建成的社工室（站、部），给予一次性建设资金补助2万元；对于民办的专业社工机构，给予一次性开办资金补贴3万元。

2. 全场景加强孵化平台建设

2021年1月，《关于进一步加强镇级社会组织服务中心建设的指导意见》出台，文件明确了各镇（街道）在加强镇级社会组织党建、培育社区社会组织、日常管理运营、链接公益资源、开展组织能力建设、辅导组织开展年检及等级评估等方面的具体工作要求。太仓市8个镇级中心实现了第三方专业机构的托管运营，共孵化培育各类注册社会组织达94家，备案社会组织达211家。太仓市娄东街道、科教新城、陆渡街道、城厢镇、沙溪镇等5个镇（街道）持续开展镇级公益微创投项目，每年投入资金达100多万元。城厢镇创新打造镇级中心平台，全新成立太仓市首家"五社"融合创新发展中心，夯实了党建引领发展、社区治理创新、社会组织培育、社工人才培养的综合服务创新基地。

（三）坚持多措并举，推进社会工作人才的综合培育

1. 大力实施社会工作实务人才计划

社会工作实务人才计划被列为太仓市"娄东英才"工程八大子计划之一，对获评太仓社会工作领军人才、重点人才的，分别给予每人2万元、1.5万元的薪酬补贴。新引进并入选江苏省社会工作领军人才的，给予30万元安家补贴，新引进并入选太仓社会工作领军人才的，享受博士研究生15万元、硕士研究生10万元的安家补贴及相关生活待遇。太仓市连续13年组织开展全国社会工作者职业水平考试的宣传、报名及培训等工作，并给予取证人员一次性资金奖励。太仓市先后开展了社工员习训班、社工精英人才培训班、社会工作实务能力研修班等培训，开发出一批本土课程，培育了一批本土"星火"讲师，为社工人才快速成长提供全方位培训指导。

2. 大力开发社工人才专业岗位

太仓市出台了《太仓市社会工作专业岗位设置及薪酬待遇暂行办法》《太仓市社会工作专业岗位派遣方案（试行）》等文件，明确岗位设置数量，明确社工薪酬待遇，明确岗位补助标准。通过政府补贴、派遣社工岗位的方式，大力开发各领域的社会工作岗位。太仓市已先后对96个社工岗位，以每个岗位平均6万元的标准实行补贴，补助期最多为3年。通过补助薪酬的方式鼓励社工机构积极引进专业人才，缓解机构初创期的生存压力，同时稳定社工人才队伍。太仓市积极推进社工本土化，在全省创新出台资助文件，鼓励本地优秀高中毕业生报考社会工作专业，对太仓籍优秀高中毕业生报考社会工作类专业的，每年择优资助15名学生，享受专项助学金，平均每人资助额度达4万元，现已资助本地社工专业大学生7批48人。

3. 大力建设社工人才实训基地

为满足专业社工人才教育培训需求，促进专业社会工作服务质量的提升，太仓市启动遴选社会工作专业人才实训基地建设，依托本市符合条件的社会工作服务机构，以培养社区治理服务、老年人服务、残疾人服务、青少年服务等领域的社会工作人才为重点，着力打造社会工作专业人才实训基地，培养造就了一支高素质、专业化的人才队伍。目前，已先后开展41个社会工作实训基地项目，投入金额200多万元，开展各类实务培训300多场次，参训人员达8000多人次。此外，太仓市与中国社会科学院、华东师范大学、华东理工大学、安徽大学、江苏师范大学、南京工程学院等高校保持密切合作，建立"大学生实习基地"和"研究生联合培养创新基地"，引进社会工作专业研究生实习人数达60多人次，开发社会工作创新发展课题及社工人才发展研究课题，营造良好的社会工作人才成长环境。

（四）秉承专业导向，凸显社工人才的示范引领作用

1. 人才梯度呈现指数级增长

通过政策扶持、资金支持、机构培育、人才培养等多举措推进，太仓市社会工作实现了质与量的同步提升。截至2022年，太仓市持证社工已从最初的195人增长到1203人，形成了从初级到高级的人才梯度完整序列（图1）。同时，高层次人才队伍逐步壮大，目前，引进博士后1名、博士2名、硕士研究生57名，专业本科生达345名（图2）。同时，加强党管人才，注重把政治过硬、业务精湛的社会工作专业人才吸纳进党员队伍，支持有突出贡献的社会工作专业人才进入各级人大、政协参政议政。

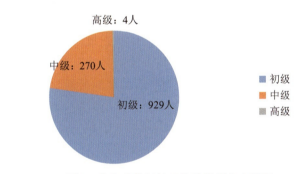

图1 太仓市持证社工资格类别分布情况

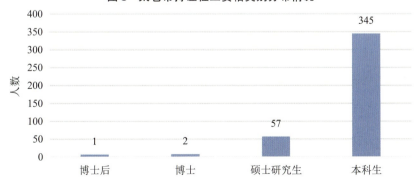

图2 太仓市高层次社工人才队伍基本情况

2. 人才机构实现跨越式发展

党的十九大报告指出，要加强社区治理体系和治理能力现代化建设，推动社会治理重心向基层下移，发挥社会组织作用，实现政府治理和社会调节、居民自治的良性互动。这些新要求为社会组织的发展指明了方向，成为社会工作创新发展的行动指南。太仓市的社会组织服务机构从无到有，承接政府购买服务的社会组织从弱到强，整体服务能力有了较大提升。目前，全市共有8家专业社工机构承接本市镇级社工站服务项目，40多家专业社工机构和公益性社会组织承接全市养老、学校、司法等社工服务项目，专职从事社会工作的社工人数超400名。每年，社区服务社会化、养老服务社会化、社会救助社会化及慈善服务社会化等项目常态化推进，政府用于社工机构服务项目购买的资金达8000万元。

3. 人才服务得到高质量彰显

不管是政府购买服务，还是企事业单位购买服务，往往都是以项目化的形式，让社会组织陪伴承接，实现双赢，同频共振，社工人才成为本市社会工作职业化、专业化、本土化和社会化的有力推动者。江苏省社会工作领军人才陈维佳博士承接的学校社工项目成为全市推进家校政社协同育人的创新项目，已列入教育部"政社协同视域下县域教育治理创新行动研究"课题；通过行动研究探索社会工作本土化路径，"瑞翼飞扬"学校社工项目获评第九届林护杰出社会工作奖。江苏省社会工作领军人才孙陈主动发挥社工人才的示范引领作用，带领机构700多名员工，初步构建了"以社工为主导，多元化服务团队支撑"的专业化、可复制、持续性社区照顾网络，创新打造"党建携手·颐善家园"服务品牌，积极推动本土社工培训及社工研究项目的开展，推进全市社工站三级服务体系建设，不断提升本土化社工人才的专业成长，助推行业发展。家庭社工"失独家庭关爱"项目在政府与计生特殊家庭之间架起了一座"桥梁"，成为化解社会矛盾的"润滑剂"，为社会和谐稳定做出了积极贡献，获评苏州市创新社会治理优秀项目。启航社工的"爱心暑托班"青少年服务项目作为市政府实事工程每年常态化推进。同时，社区社工、老年社工、慈善社工、助残社工、司法社工、禁毒社工等服务项目全面推进，全市各领域社工人才在推进社会工作高质量发展的过程中发挥着积极的作用。

三、"十四五"太仓社会工作人才队伍高质量发展展望

新时代、新征程，太仓市进一步提高政治站位，认真践行习近平新时代中国特色社会主义思想，坚持以人民为中心，树牢"四个意识"，以高度的思想自觉、政治自觉、行动自觉，周密细致地推进新时期社会工作人才队伍建设，努力造就一支政治合格、结构合理、素质优良的专业社会工作人才队伍，用社会工作人才助推太仓市经济社会的高质量发展。

（一）强化党建引领，加强社会工作人才队伍党的建设

坚持党建引领作用，扩大党的组织和党的工作在社会组织领域的有效覆盖，充

分发挥基层党组织的政治优势和组织优势，大力推动社会组织中的党组织和党员参与困难群众帮扶、老年人服务、困境儿童关爱保护、社会支持网络构建、社区参与能力提升等社会治理创新实践，成为基层治理与服务的重要力量。

1. 深挖社会组织党建理论内涵

社会组织是社会主义现代化建设的重要力量、党的工作和群众工作的重要阵地。太仓市始终坚持加强党对社会组织的领导，旗帜鲜明讲政治，引领社会组织的正确发展方向，激发社会组织活力；坚持以习近平新时代中国特色社会主义思想为指导，探索社会组织自我革命的有效途径；巩固拓展党史学习教育成果，发挥社会组织在服务国家、服务社会、服务群众、服务行业中的积极作用，坚决捍卫"两个确立"，做到"两个维护"。

2. 开展社会组织党建实践探索

太仓市社会组织在党建工作指引下，完善党的各项政策在社会组织的落地实施，积极在社会工作人才队伍中发展党员，加强党员的引领示范作用，支持有党组织的社会组织优先承接政府购买服务项目。建立"党建+社工"的工作模式，不断优化社会组织党建的实践路径，不断提高社会工作人才队伍的政治站位，厚植人民情怀，建立太仓市本土社会组织党建工作人才库，促进社会组织党组织为民服务工作迈上新的台阶，讲好太仓市社会工作人才队伍的"红色故事"。

（二）健全专业培育机制，构建社会工作人才专业成长闭环

加快修订完善《太仓市社会工作专业人才计划实施细则（试行）》《关于鼓励本地优秀高中毕业生报考社会工作专业的暂行办法》等文件，完善人才引进及培养措施，加大资金扶持力度，落实优惠政策，提升社工人才满意度。针对社会工作管理人才、服务人才、教育研究人才的不同特点，建立健全专业教育、职业考试、岗位培训、知识普及有机结合的社会工作专业人才培养体系。

1. 以考促评

鼓励尚未取得社会工作者职业资格证书的人员，参加全国社会工作者职业水平考试，获得相应资格证书，并按要求进行登记，通过考试提升社会工作从业人员的专业能力，通过社会工作者职业资格证书数量的增加，抓好太仓市社会工作人才队伍的基本盘。

2. 以评促学

针对社会工作从业人员不同的服务领域、岗位性质、职业发展阶段、职业水平等分批分次开展有针对性的继续教育，通过各种类型的人才评选计划营造社会工作人才"比学赶超"的良好氛围。积极将社会工作理论列为各部门教育培训课程，提高各行业、各部门对社会工作的了解度和认可度。

3. 以学促融

依托长三角的研究资源和太仓市的社会工作实践阵地开展社会工作产、学、研深度融合，邀请上海、江苏的高校专家为太仓市社会工作服务项目提供督导支持，

推荐优秀的社会工作实务人才成为高校社会工作校外兼职导师，促进社会工作理论研究和实务服务深度融合，不断总结太仓社会工作服务经验，建立起全闭环的社会工作人才培养机制。

（三）规范使用评价，营造社会工作人才健康发展生态

1. 加强社会工作专业岗位开发

依托社工站建设，不断培育专业社会工作人才，推动社会工作专业人才从重视数量到重视数量和质量同步提升的转变。进一步推动民政、教育、卫生健康、城市管理、公安、司法行政、人力资源社会保障、退役军人事务、应急、工会、青少年服务、家庭服务、残疾人服务等多领域开发设置社会工作专业岗位。

2. 规范社会工作专业岗位评聘

遵循科学合理、评聘分开、分类管理的原则，支持引导事业单位、城乡社区和社会组织结合实际明确社会工作专业岗位等级，建立清晰明确的社会工作职级体系，按照相应专业资格条件予以评聘和晋升，进一步畅通社会工作专业人才的职业发展空间。

3. 开展专业社工服务评价考核

以《社会工作者职业水平评价暂行规定》为基础，积极开展社会工作领域从业人员职业水平评价工作。研究制定不同领域、不同职级的社会工作岗位职责规范，坚持职责任务和工作内容相对应，建立社会工作专业人才岗位考核制度。

（四）完善激励保障，夯实社会工作人才专精发展平台

1. 强化专业服务效能，保障薪酬待遇

借鉴深圳等地明确社会工作人才薪资标准的相关办法，进一步明确太仓市社会工作专业人才的薪资待遇，建立社会工作人才薪资待遇指导体系，保障专业社会工作人才的基本待遇，支持社会工作机构开展专业服务，不断拓宽服务边界，提升服务效能。

2. 强化"四库"建设，提供服务保障

一是信息政策库。发布现行社会福利政策导向、实施细则和社会工作领域政策及行业服务标准，精准掌握太仓市的各类人群数据，精确满足服务对象需求。二是服务资源库。通过走访调研太仓市的各部门、企业、基金会及社会组织，盘活社区资源，进行分类分析，方便社工服务随用随取，同时汇总市级公益创投服务。三是项目案例库。结合街镇项目、公益创投等购买服务体系，把贴近民生需求、成效显著、可复制推广的项目案例择优入库。四是人才数据库。结合太仓市社工人才培养体系建设，引进外聘专家并组成社会工作专家团队，成立领军人才培育导师团。

3. 强化榜样力量，实施人才激励政策

鼓励更多的部门、企业、社会组织和个人依法设立社会工作专业人才表彰奖励基金，筹备成立社会工作人才关爱基金，鼓励社会工作服务机构、社会工作研究机构等对单位内部优秀社会工作专业人才开展多种形式的表彰奖励，对于表现优异的

人才，要在晋升、培训、待遇等方面给予优先考虑。通过领军人才、督导人才的榜样力量，凝聚广大社会工作人才的积极性，培养高层次、多元化、广覆盖的社会工作人才队伍。

（五）推进多方协作，整合社会工作人才伙伴协同资源

1. 强化专业人才的内部协同

将社会工作领军人才与我市人才引进政策并轨，使政策红利惠及社会工作领域中的专业人才。完善督导制度，每年认定一批社会工作督导人才，鼓励他们在本机构从事社工服务的同时承担更大社会责任，与初创型、发展型社会组织建立"结对发展"帮扶机制，推动全市社会工作人才队伍发展。

2. 拓展专业人才的外部协同

建立"慈善+社会工作+志愿者"协同开展社区治理的服务模式。将广大的志愿者和义工作为社会工作专业人才的后备力量来培养，积极促进社会工作与慈善服务、志愿者服务相衔接，实现三者联动发展。进一步整合多个条口的志愿者平台，实现志愿者平台与社会工作平台的信息共享。

（六）赋能高级人才，深化社会工作人才梯度供给改革

1. 做实高级双创人才储备

加快推进社会工作服务人才的供给改革，将社会工作人才作为社会服务产业发展紧缺专业人才纳入太仓市人才队伍建设总规划。大力引进、培育社会工作实务、督导、专业教育等领域的高层次人才，优化人才队伍结构。充分激发各事业单位、社会工作机构、社会工作服务站等在社会工作人才培养中的主体作用。

2. 打造人才立体化服务平台

加强社会工作创新创业载体建设，成立太仓市社工协会、社会工作协同创新中心，以市级统筹、镇区为主、片区协同、村（社区）支撑四级为单位，构建太仓市社会工作立体化服务体系。支持建立高层次人才培育基地、领军人才工作室等。

（七）加强宣传推广，输出社会工作人才本土建设经验

1. 多路径强化社工人才宏观层次推广式宣传

健全社区、社会组织、社会工作者、社区志愿者、社会慈善资源"五社联动"机制。依托"政社互动"、社工站建设、社会组织党建等工作载体，总结凝练太仓市社工发展的创新路径和经验，加强典型宣传，展示社会工作者的职业风采和良好形象，不断提高社会工作者的社会辨识度和认同感。同时，积极打造"太仓社创HUI"平台及社会工作创业园，成立"领军人才"工作室、个案咨询工作室，及时发布社工业态、社工服务菜单及社工招募等信息，不断畅通社工参与社会治理的渠道。

2. 广渠道开展社工人才微观层面渗透式宣传

通过政府购买服务、政府资助等方式，积极倡导和支持有条件的企业或个人开展公益活动，支持民办社工机构开展社会工作。坚持正确的舆论导向，充分利用电

视、网络、广播等渠道，通过播放社会工作节目、选登社会工作案例、举办社工日主题系列活动等多种方式，深入宣传社会工作的专业理念与工作方式，大力展示社会工作的职业内涵、社会价值及广大社会工作者的职业风采，提高社会工作的知晓度、认同度和参与度，努力营造关心、重视社会工作与尊重社工人才的良好社会氛围。

四、太仓社会工作人才队伍建设重点工程

（一）实施"领头雁"计划，培养社会工作专业领航人才

按照太仓市《关于加强社会工作人才队伍建设推进社会工作发展的意见》和《太仓市关于引育民生人才助推高质量发展的若干措施》文件精神，以太仓"融合共治"4.0创新实践发展和社工站建设全面推进为契机，围绕"十百千"社工人才计划，落实领军人才、重点人才、高级社工师等人才培养和支持政策，大力推进社会工作专业人才队伍建设，壮大高层次社工人才后备队伍，提升社工全面参与社会治理的水平。

（二）实施品牌培育计划，推进社工机构高质量发展

完善市、镇、村三级孵化培育网络，重点发挥市、镇两级社会组织服务的中心作用，扶持社工机构发展，为社工机构提供办公场地、资源链接、项目开发、辅助引导等服务。不断提升社会工作专业人才的职业化、专业化水平，加大政府购买社工服务项目的力度，使社会工作服务更加广泛，形成"有时间做义工，有困难找社工"的社会共识。同时，加大资金支持力度，做好各类社工补助资金申报与发放工作。加大社工品牌服务项目案例的研发力度，鼓励项目案例产品化转化，打造一批在全省有一定影响力的品牌项目案例，鼓励各社会工作机构以品牌项目案例为抓手，不断推进社会工作机构的高质量发展。

（三）实施扶持迭代计划，夯实社会工作发展服务平台

深化党建平台、智慧平台、社创平台、孵化平台、交易平台、产品平台六大平台建设，依托社会组织创新发展学苑，开发社工课程体系，继续开展"星火讲师训练营"、社工人才工作坊、社工实训基地、社工实务研修等培训，不断提升社工人才的综合素质。发挥领军人才、重点人才的"头雁作用"，支持领军人才、重点人才的课题开发和专题调研，拓宽工作视野。加强长三角社会工作人才的联动，开展行业间、板块间、地区间的经验交流、沙龙研讨、项目案例分享等活动，分享社工实务经验。

（四）实施资源拓展计划，优化社工人才队伍建设格局

以市场化为补充，建立"公益+市场"的社工人才发展格局。单纯依靠政府购买社会工作机构服务很难全方位推动社会工作人才的长远发展，应保持前瞻性工作思维，提升社会工作机构的造血功能，从居民的公共服务需求、商业服务需求以及公益服务需求出发，探索免费项目和收费项目的相结合，鼓励城市社区建立公益体

验空间，促进社会工作发挥引导作用，引导多元主体参与社区事务，成为社区积极行动者，参与社区治理，为打造"韧性社区、智慧社区、未来社区"发挥出社会工作的专业优势。

(五) 实施协同发展计划，探索共融互通社工服务体系

推进"社会工作+慈善+志愿服务"的融合发展模式，继续将社会工作专业人才纳入全市人才管理序列，同享人才引进、就业安置等人才扶持性政策。建立"社会工作+慈善+志愿者"协同开展社区治理的服务模式。将规模巨大的志愿者和义工作为社会工作专业人才的后备力量来培养，积极促进社会工作与志愿者服务、义工活动相衔接，实现三者联动发展。有力整合多个条口的志愿者平台，实现志愿者平台与社会工作平台的信息共享，探索志愿者协同专职社会工作者的工作机制。

社会工作的价值在于促进社会治理现代化，基层群众是社会工作服务需求的重要主体，积极嵌入和融入基层治理是中国社会工作发展的必由之路。应树立"以人民为中心"的理念，通过聚能党群服务力量，开展高质量的社会工作服务，传递党的方针政策和关怀温暖，创新基层社会治理，助力乡村振兴，把社会工作人才打造成为夯实民生保障基础、创新社会治理的"生力军"，通过社会工作人才队伍建设助推民政事业的高质量发展。

项目驱动促成长　初心为民勇担当
——太仓市社会工作公益创投项目政策决策与管理运行

徐　燕

每一面锦旗　都有一个暖心故事
每一项服务，都饱含娄城社工一份情怀

党的二十大报告指出，要完善社会治理体系，健全共建共治共享的社会治理制度，建设人人有责、人人尽责、人人享有的社会治理共同体。10多年来，太仓市民政局坚持以"创新社会治理、共享幸福太仓"为核心理念，探索以项目驱动组织成长，以服务增进民生福祉，不断提升社会组织全面参与基层社会治理的能力。

实际上，社会工作发展是结构和专业行动者交互作用的产物。一方面，社会转型和市场改革催化着结构的不断变动，而这一变动带来的新问题远远超出原有结构所具有的处置能力，这为社会工作发展提供了结构性机会。在不断推动国家治理体系和治理能力现代化探索的过程中，社会工作者积极投身这场浩浩荡荡的洪流，以跬步千里之姿参与着、研究着、见证着这场历史性巨变。为推进社会组织孵化培育、增进多元治理主体协同联动、优化公益资源配置，自2012年起，太仓市民政局持续推进公益创投项目开发，截至2022年7月，全市已连续开展了11届公益创投和3届联合公益创投活动，投入资金总额达2277万元，落地公益创投项目728项，参与创投的社会组织累计达712家，惠及服务对象达30多万人次（图1）。

社会主要矛盾转化、社会高质量发展和人民对美好生活的新期待，为太仓市的社会工作参与社会治理提供了一系列结构性机会。

图 1　太仓市历年来公益创投资金量和项目数情况

太仓市深耕"政社互动"社会治理实践土壤，探索社会组织孵化培育创新模式。2008 年，太仓市在全国率先启动"政社互动"实践，成为全国社会治理创新的领跑者和实验区。在推进社会治理创新实践过程中，太仓市社区和社会组织服务中心正式成立，中心作为全市社会组织孵化培育的主阵地，成为推进社会组织成长发展的摇篮。为培育公益性社会组织和优质公益服务项目、满足居民多样化的服务需求、鼓励社会组织参与公共管理和服务，2012 年 5 月，太仓市政府办公室印发了《太仓市公益创投办法（试行）的通知》，该文件明确，太仓市每年提取 300 万专项资金，用于公益创投项目的开展。公益创投起步阶段，项目的征集主要由社会组织根据自身服务领域和专业方向，调研选定项目落地点、服务对象及数量，并向主办方提交申报意向，参与项目评审、优化、签约及实施。在 2012 年第一届公益创投中，共落地项目 13 个，实际投入资金 69.7 万元。

建立健全三级社会组织培育体系，坚持以项目驱动社会组织健康发展。为进一步推进基层社会治理现代化，更好地扶持全市社区社会组织成长发展，2013—2018 年期间，太仓市民政局共举办了 6 届公益微创投项目，投入福彩公益金 1421 万元，实施微创投项目 687 个，服务各类群众达 10 多万人次。6 年时间里，公益创投项目的覆盖面和影响力日益扩大，太仓市专业社工机构、公益性社会组织与社区社会组织的数量、规模和服务质量得到同步提升，社会组织数量从 462 家发展到 854 家，其中专业社工机构达 30 家。全市市、镇、村三级社会组织孵化培育网络日趋完善，镇级社会组织服务中心实现全覆盖并逐渐实现了社会化托管运营。微创投项目通过降低创投项目申报门槛，引导镇级社会组织服务中心，积极培育扶持本土草根型社会组织发展，监督指导镇级微创投项目的顺利实施，进一步提升了组织自我生存发展的能力及参与基层社会治理的水平。

"社区独居老人关爱项目"是公益创投项目之一，该项目以太仓市梅园社区范围内70周岁以上独居老人为主要服务对象，通过开展日常生活照料、心理慰藉、交流互动、子女参与、邻里关爱等志愿活动，缓解老年人的孤独感和失落感，鼓励他们走出家门、融入社区，提高老年人参与社区活动的积极性，提升他们的生活质量。王阿姨是城厢镇梅园社区的一位75岁独居老人，因患有帕金森、高血压等疾病，需长期吃药治疗。项目社工第一次上门看望时，由于不熟悉，王阿姨并不太愿意与社工交流。随着项目的深入，社工从生活中的小事入手，陪阿姨聊天，安抚其情绪，为阿姨链接家政服务资源，及时解决阿姨生活中的实际困难。慢慢地，王阿姨打开了心扉，每天都盼望着社工去看她。"她们就像我的女儿一样，陪我聊天解闷，关心我的身体和情绪，让我知道我不是一个人，还有党和政府在我身后。"如今，王阿姨遇见任何状况，都会第一时间给社工打电话求助。社工与服务对象之间已经建立了不是亲人胜似亲人的深厚感情。

"护航透析·出行无忧"困难对象就医帮扶项目是太仓市民政局第十一届公益创投项目之一，该项目旨在为长期重病、特困家庭制订出行无忧帮扶计划，为低保边缘重病困难家庭减轻经济负担，让他们及时得到就医帮扶，享受政府关爱。作为项目的承接机构，"兵哥哥志愿者服务车队"每周定时上门接送服务对象，风雨无阻。双凤镇新湖村的傅阿姨在就医路上遭遇车祸被困，"兵哥哥志愿者服务车队"接到求助电话后，第一时间赶到现场，帮助傅阿姨解决车祸问题并及时将傅阿姨送到医院进行透析。傅阿姨由衷感叹："我碰到用车困难，首先想到的就是你们车队，你们忙中做好事，服务周到热情，车队就是我们这种困难人群的福星啊！"该创投项目实施半年以来，"兵哥哥志愿者服务车队"已为像傅阿姨这样的透析患者提供服务290余次。2022年11月，傅阿姨和她的爱人将一面写有"民政解民急难、出行透析无忧"的锦旗送到了太仓市社区和社会组织服务中心，感谢政府和社会组织以热情高效的服务帮助他们解决困难。以上是太仓市公益创投项目中的典型案例，也是社会组织参与"我为群众办实事"的生动实践。

探索实现部门主体协同联动，推动社会工作在专业化服务中精准发力。2016年起，太仓市"政社互动"实践进入"能动性善治"阶段，养老服务社会化项目、"邻里家园"社区服务社会化项目实现了广覆盖，社会化率达到90%以上，太仓市在社会治理创新发展中走在了全省最前沿。社会组织是参与基层社会治理的重要力量，为进一步加强部门联动，发挥社会组织在提供公共服务中的积极作用，有效实现本土社会工作向专业化、职业化、规范化方向发展，打造共建共治共享的社会治理新格局，2018年7月，太仓市文明办、市委统战部、教育局、公安局、财政局等11个部门联合出台《太仓市联合公益创投实施办法》。文件明确了联合公益创投的多方主体责任、实施范围及流程等内容。2018—2021年期间，太仓市持续开展了三届联合公益创投，与公安局、教育局、卫健委、团市委等多个部门联动，靶向社工专业服务需求，联合开发社工项目，先后开发了"政社协同下学生心理支持嵌入式社工服务"学校社工项目、"涉毒人员家庭帮扶社工服务"项目、"检爱护航"临界青少年社工帮扶项目、市级公立医院医务社工服务项目等20多个联合公益创投项目，投入资金335.6万元。联合公益创投项目通过派遣岗位社工常态化入驻，采用社会工作专业理论和方法，充分链接有效资源，为各类服务对象开展个案、小组服务等形式，为服务对象解决实际困难，为服务对象持续增能，同时，探索实用性、多样化、职业化的社工实务经验，取得了显著的工作成效。联合公益创投项目的实施，增进了各部门对社会工作的认知度和认可度，太仓市教育局、司法局、卫健委、妇联等多个部门已连续多年举办部门公益创客大赛，单独列支开展社工项目的购买服务工作。

"涉毒人员家庭帮扶项目"是太仓市民政局联合太仓市公安局共同开发的公益创投项目，目前已连续举办了3年，该项目采取"社工+义工"的双工服务模式，带动社会力量参与，构建有力的社会支持网络体系。社工在公安部门的协助下，通过入户走访评估，及时了解服务对象及其家庭存在的社会问题及个性化服务需求，并根据个人意愿制订个性化的介入计划，帮助服务对象普及禁毒知识，提升法律意识，改善家庭关系，并为有需要的家庭提供就业援助、心理慰藉、困难帮扶等服务，为服务对象走出困境营造有益的家庭和社会环境。部分服务对象已在太仓市志愿者网站上注册成为志愿者，积极参与义工联组织的各类公益志愿服务活动。服务对象表示，参加公益活动对他们的心灵是一次洗涤，让他们深切感受到社会的温暖，并通过自己的努力来体现生命的价值，今后他们会继续参加各项公益活动，争做对社会有益的人。

打造社创产品交易平台和梳理清单，全景式展示本土社会工作服务业态。近年来，太仓市从人民群众最关心、最直接、最现实的利益问题入手，逐步建立健全社会治理体制机制，从各层面精准发力，全面打通社会治理的"神经末梢"。"政社互动"实践迭代升级，以打造社区幸福生活共同体、全面推进社区治理现代化为目标的"融合共治"实践全面开启。太仓市社创交易所应运而生，该平台秉承"凝聚公益力量、创新公益生态"的发展理念，以资源对接和专业支持服务为基础，搭建专业化、综合型的社会组织服务交易平台，构建社会治理的公益生态圈，探索一套理念、三份清单、五项措施、七步流程的"一三五七"工作模式，为社会组织的成长提供强有力的陪伴式支持网络，为太仓市的"政社互动"原创品牌聚合重要力量。2021年10月，太仓市民政局、财政局联合出台《关于进一步规范公益创投服务项目的实施办法》，为全市社会组织承接购买服务项目提供新的政策指引。公益创投项目从原来的社会组织自发式申报项目向部门、镇（街道）指向性定投项目转变，需求导向更明确、目标群体更清晰、监督管理更有力、服务成效更显著。

10多年来，公益创投项目持续性、规范化、专业化推进，有效助推了社会组织的健康发展、社工人才队伍的梯度成长以及各镇（街道）、部门专业服务领域的孵化器建设，为全市社会工作的高质量发展提供了关键性支持。目前，太仓已建立了司法矫正、养老、残联、妇联、团委等社会组织孵化器，覆盖社会工作的多个领域。2022年3月，太仓市制定出台《太仓市基层社工站（室）建设指导性规范》，全市镇级社工站实现全覆盖，社会组织年度承接购买服务项目资金量近8000万。"连心家园"失独家庭关爱项目在政府与计生特殊家庭之间架起了一座"桥梁"，成为化解社会矛盾的"润滑剂"，为社会和谐稳定做出了积极贡献，获评苏州市创新社会治理优秀项目；"爱心暑托班"青少年服务项目作为市政府实事工程全面推广。全市首批社会组织服务产品清单目录全新推出，社会组织在健康发展的路上，迈出了坚实稳健的步伐。同时，社区社工、老年社工、慈善社工、助残社工、司法社工、禁毒社工等专业化社工项目持续推进，发展成为深受基层群众欢迎的新型社会服务业态。太仓市已初步形成了以社区和社会组织服务中心为主导、社会组织登记管理中心、社会工作服务指导中心、社会工作创新创业港为支撑的社会工作高质量发展主阵营和社工文化集散中心。

业态篇 YETAIPIAN

世间百态，社会万象，呼唤各种社工业态。纵观人的全生命周期，从呱呱坠地、幼有所托、学有所教、病有所医、老有所养，直至生命尽头的临终关怀，每时每刻都离不开社会工作者的参与和助力。有了专业社工机构的引导与服务，受挫的人生再度扬帆，生活的品质重新焕彩。

探索专业服务路径，助力学生正向成长
——太仓市学校社会工作实践与研究

陈维佳

服务背景

太仓市是"政社互动"基层治理模式的发源地，也是社会治理体制创新的实践地。近年来，太仓市民政部门与教育部门通过机制体制创新，积极探索政社协同视域下县域教育治理创新的行动路径，为我国社会治理新模式、新机制提供了太仓经验。

"瑞翼飞扬，正向成长"——太仓市学校社会工作发展项目（以下简称"瑞翼飞扬，正向成长"）是太仓市创新社会治理的重要成果之一。该项目以"提升学生学习效能，促进教师教学成效"为核心，基于学生发展与系统环境视角，通过识别学生发展需求，从学校、家庭和社区三个维度提供服务，帮助学生排除发展障碍，促进学生全人成长。

项目通过"政社合作"，采取"教育行政部门引导、学校主动协同、社会组织服务"的运营模式，创新性地将专业社会工作服务引入学校，以社工常态化驻校的形式，通过系统研究和设计，在学校层面构建了"多层次预防支持体系"，缓解了学校育人中的"痛点"，开创了"家—校—社"协同育人的新模式，极大地丰富了教育综合治理的内涵。

截至2022年2月，项目已经分别在太仓市实验中学、太仓市沙溪实验中学、太仓市科教新城实验小学、太仓市经贸小学、太仓市城厢镇第一小学等5所学校实施，实现了"一校一社工"。

项目不仅开创了苏州市常态化驻校社工的先河，也让太仓市成为学校社会工作发展的创新实践地区，为全国性的学校社会工作制度设计贡献了非常有价值的基层实践经验。

服务理念

学校社会工作起源于20世纪初，是以美国学校的"访问教师"运动为开端，然后逐渐发展成为学校辅助工作的一种专业服务。在发展的过程中，学校社会工作的领域不断扩大，由学校、家庭向外延伸至社区和社会机构。

虽然学校社会工作在欧美等国家已经有了上百年的发展史，已经成为最主要的社会工作服务类别，但是，在中国大陆近年来才在一些地区有零星的探索实践。中共中央十六届六中全会后，上海、深圳等地的学校社会工作在政府的支持下发展起来。2008年四川汶川"5·12"特大地震发生后，中国社会工作教育协会在四川省广元市开展学校社会工作服务，一直延续下来，并实现了社会工作服务机构的本地化。学校社会工作在支持困境学生、帮助边缘青少年、促进校园文化建设方面发挥了重要作用。

但是总体来看，目前我国学校社会工作还处于起步和建构阶段，还没有全国性的制度安排，所以各地进行的基层实践探索尤为宝贵。

服务举措

"瑞翼飞扬，正向成长"项目结合国际经验与本土需求，在学校层面构建了"普遍性—针对性—个别化"的多层次预防支持体系。

一、基础预防层次："预防性筛查+学生社会情感学习"

在基础预防层次，通过建立基础安全机制，面向全校100%的学生进行预防性筛查，及时发现和了解有潜在干预需求的学生。同时，通过实施校本素质课程，营造学校积极正向文化，培育学生发展"元"能力。

（一）成长评估筛查，发现需求学生

社工运用系统性筛查量表，从健康、能力与归属感、外显行为、心理情绪、家庭和社会6个维度对全校学生每半年进行一次筛查，建立学生成长跟踪档案，评估学生的风险/保护因素。

社工以班级为单位，出具班级筛查报告。报告通过统计数据呈现出班级学生总体的发展现状，同时对于筛查出来的潜在风险学生，社工与班主任老师合作建立常态化跟踪监测并实施干预服务。

通过全校系统性评估和筛查，学校也可以更加清楚地了解全体学生的风险/保护因素，以及面临的主要问题和障碍，为学校提供了以数据为基础的决策依据。

（二）培育学生社会情感能力

社会情感学习（social emotional learning, SEL）是社会心理支持的重要组成部分，通过系统性学习SEL五大核心能力，即自我意识、自我管理、社会意识、人际关系技能和负责任的决策，可以提升学生的自我认知和自我管理能力，建立积极的人际关系和紧密的情感联结，培养学生的社会意识和亲社会能力，构筑学生抗击逆境的"元能力"，为成功奠定素质基础。

基于此，在吸收国外相关研究成果的基础上，结合中国文化与教育的实际需求，我们研究设计了以社会情感学习为内核，兼具本土特点的"瑞翼社会情感学习课程"校本课程。本课程具有高度结构化、体系化的特点，一共42学时，一个学年完成。课程包括"情绪管理""问题解决""目标制定""共情能力""社交技能"五大模块内容，并根据服务需要研发了小学低年级、小学高年级、初中3个版本。

二、针对性预防层次："发展障碍学生干预+教师优能工作坊+家长成长训练营"

针对性预防层次的服务对象是"处于风险边缘"的学生，一般来说约占学生总人数的15%。这部分学生主要通过3个渠道进行识别：① 成长筛查中发现的有潜在风险的学生；② 班主任老师转介；③ 家长转介。

这部分学生因为生理、心理或者环境的因素影响，社会情感能力不足，呈现为外在的行为障碍和内在的情绪障碍。根据我们目前统计的数据显示，小学阶段的主要风险有攻击性行为、多动冲动行为、破坏课堂纪律、社会交往技能不足、分离焦虑、恐惧症以及抑郁障碍。初中阶段的主要风险有多动冲动行为、交友障碍、亲子关系障碍、师生关系障碍、以焦虑抑郁为主的情绪障碍。

（一）发展障碍学生干预

针对学生的行为和情绪障碍，主要以小组的形式进行干预。小组分为"治疗型"和"发展型"两种形式。干预小组方案在基于证据的基础上进行设计，保证了干预的有效性。

注意缺陷多动障碍，俗称"多动症"是儿童成长期最常见的发育障碍，也是目前在学校中最主要的行为障碍（7%~9%）。在对二年级在读学生量表筛查、班主任访谈、课堂观察的基础上，确定服务干预学生对象，设计并实施了针对学生冲动行为的"控制愤怒小精灵——冲动行为学生干预小组"项目。

针对焦虑和抑郁情绪障碍的学生，我们设计实施了"阳光彩虹，积极人生——积极情绪成长小组"项目，通过认知行为治疗技术，帮助学生识别由非理性认知导致的情绪困扰，建立积极认知，促进正面行为。

（二）教师优能工作坊/沙龙

对于行为偏差学生，需要帮助他们构建积极的学校环境，其中最重要的环节就是教师。教师优能工作坊让教师建立对"问题"学生的理性认知，了解并理解孩子"问题"行为产生的原因，掌握应对学生偏差行为的方法，提升教师教学效能。

（三）家长成长训练营

"瑞翼家长成长训练营"基于亲职教育理念，从改进家长教养方式、改善家庭亲子关系角度实施干预服务。通过帮助家长识别孩子存在的障碍，让家长建立对孩子"问题行为"的科学认知，并教授家长基于行为原理的有效教养方法和策略，从而提升家长的家养效能，改善亲子关系，帮助家长营造积极正面的家庭教养环境。

三、精准预防层次：个案管理服务

精准干预层次的服务对象是已经处于危险中的学生，占学生数的5%左右。处于该层次的学生已经出现了明显的行为偏差和心理情绪障碍，需要社工对其进行密集、精细化的干预，否则学生将会发生更严重的问题，甚至辍学。

针对这部分学生，主要采取"个案管理"的方式对其进行干预。当学生达到第三层次干预标准的时候，首先对其进行行为功能、学校环境和家庭环境三方面的评估，分析学生个人与环境存在的风险因素。在评估的基础上，通过与利益相关人的协调沟通，社工基于"最佳证据"制订个性化的服务干预方案，并将家长、教师、同辈伙伴纳入干预范畴，从而形成"个人+环境"的干预维度。

在实践中，我们设计了个案干预模型。该服务模型从"生理、心理、社会"3个方面出发，提供结构性干预服务，包括：① 提供基于证据的心理行为干预服务；② 促进有利于案主的学校和家庭环境改善；③ 最大限度地获得基于学校和社区的资源。该服务模型在实务中使用诸如"动机式访谈""认知行为治疗""家庭治疗""行为干预"等方法，采取整合模式，围绕学生的核心问题进行综合靶向干预。

服务成效

"瑞翼飞扬，正向成长"项目自实施以来取得的成效，可以从以下方面进行评估。

一、通过嵌入式构建，扩展了学校社工的发展空间

太仓市通过实施驻校社工项目的形式，引导专业社工服务策略性地嵌入学校。通过建构完整的、体系化的服务框架和有成效的实践服务，让学校了解并认可学校社会工作的专业价值，从而开始接纳驻校社工这一新兴职业，并主动将德育工作与社工服务相结合，创新了德育工作的内涵。而服务的学校也从初期的1所试点学校扩展到现在的5所学校。

本项目是到目前为止江苏省内创新性的常态化驻校社工服务项目，具有探索性和示范性。尤其是购买专业社会组织服务的这一创新模式，也丰富了校社合作的内涵，是太仓市教育治理的创新性新成果，在一定程度上验证了太仓市实施的"嵌入发展与职业化构建"的本土社会工作发展策略的有效性。

二、研究设计并实践探索了本土化学校社工服务模型

"瑞翼飞扬，正向成长"项目构建的从筛查到精准干预的多层次分级服务框架取得了初步成效。

从学校治理的层面来看，全校性学生心理行为评估数据，能够更加全面地反映学生的发展现状，为学校管理层提供基于数据的决策依据。2所学校以此数据为基础，针对学校存在的潜在风险，开始酝酿实施全校性的积极行为干预支持体系。

常态化的监测体系也为学校及时发现困境学生提供了一个有效的渠道，学生也多了一层"防护网"。自从社工驻校以来，社工已经识别了5名有自杀倾向的学生，并及时阻止了1名学生的自杀行为。

对太仓市某小学某班实施的 SEL 课程跟踪监测结果显示，学生的 5 大核心素质都有不同程度的提升，89.2% 的学生认为本课程非常有用，92.3% 的学生认为在"情绪管理""社交技能""问题解决""积极行为"四个维度中有积极正面的变化。班主任老师认为本课程提升了班级学生整体的行为表现，促进了教学效果的达成。

参与了"控制愤怒小精灵"儿童成长小组的学龄儿童，经干预后平均攻击因子分值下降 8.35 分。参加父母亲职训练营的家长，100% 都认为能更加理解孩子的行为，93.8% 认为改进了对孩子的教养方式。

在个案干预中，以太仓市某小学 2021 年度为例，我们一共开案 27 人，其中行为障碍个案 22 人、情绪障碍 5 人。在行为障碍中，有注意缺陷多动障碍的 18 人、对立违抗障碍的 3 人、品行障碍的 1 人。情绪障碍中有焦虑障碍的 3 人、抑郁障碍的 2 人。截至 2021 年 12 月 30 日，在干预的个案中，以俄亥俄 5-18 岁青少年儿童行为量表（Ohio Scales：5-18 yr）低于 20 分为结案标准，有 21 人予以结案，结案率 77.78%。而在对干预个案的班主任的问卷调查中，有 94.3% 的班主任认为学生的问题行为有改善，81.6% 的班主任认为学生行为有较大改善。

三、实践了一系列微观实务助人技术，提升了学校社会工作的专业价值

近年来，虽然社会工作的发展已经取得了长足的进步，但是，大众对于社会工作者的角色功能定位仍然模糊不清，社工的服务也常被认为是"锦上添花"的活动，社工服务的专业价值还没有被认可。因此，我们有必要通过一系列有成效的专业助人服务，提升学校社会工作者的专业价值。

在多层次预防支持体系的服务框架下，我们研究设计并实施了若干微观助人技术，并进行了结构化和体系化梳理，形成了针对具体问题的品牌化干预手册。比如针对注意缺陷多动障碍儿童的"恐龙乐园"干预方案、针对家长亲职培训的"瑞翼家长训练营"、针对有攻击性行为儿童的"控制愤怒小精灵"干预方案、针对有抑郁潜在风险学生的"阳光彩虹，积极人生"积极情绪干预方案等。这些干预方案的运用，一方面积累了学校社工服务的专业方法，另一方面也能够以服务成效来获得社会的认可，从而为太仓市学校社工的发展提供专业基础。

太仓市学校社工事业从无到有，在 2019—2022 年期间获得了较大的发展。从项目的采购量来看，由 1 个学校扩展到了 5 个学校，采购主体也由民政部门转为教育部门，这为项目的可持续稳定发展奠定了良好的基础；驻校社工的服务框架已经从试点实施阶段进入相对成熟、常态化发展阶段。从学校的层面来看，社工已经较好地融入学校的工作，干预服务的成效也让学校认可了学校社会工作者的专业价值和服务边界，为社工争取了嵌入学校治理的合理性和生存空间。社工服务的专业性也有较大的提升，不管是服务的专业价值观、专业伦理还是专业实务技术，都获得了成长和发展，尤其是在众多社工服务被形式化和活动化的现实背景下，本干预服务展现了专业社会工作服务的"应然"态，也为在地的社会工作事业发展贡献了一份推动力量。

专业有爱，让养老更简单
——太仓市老年社会工作实务探索

耿彤彤　许　彬

服务背景

伴随着经济的快速发展，人民生活水平大幅提高，医疗健康保障能力全面增强，作为富裕型长寿之乡，太仓市的老龄化发展一直呈现出增长速度快、高龄化显著、超前于全省乃至全国的特点，高龄化、失能失智的程度日益叠加，并越来越呈现出多层次、多样化的特点：一是养老服务供给侧和需求侧发展失衡，单一政府兜底难以满足大量的高质量服务需求；二是社会转型形势下传统家庭养老缺失，需要新型的家庭养老；三是传统的以自给自足为主的养老模式导致养老市场发展和消费观念滞后。

目前，太仓市已建成以政府公办、兜底保障为主，重点满足特殊困难老年人的养老服务体系，但是针对大量增加的高质量养老服务需求，如何健全基本养老服务体系，共同打造新时代的居家和社区养老服务模式显得尤为必要，因此发挥政府和市场协同合力，推动养老体系向社会化、专业化、市场化和多元化发展，推动养老事业与产业协同发展是社会工作参与养老服务的重要方向。

太仓市德颐善社会工作发展中心（以下简称"太仓德颐善"）正是在此背景下，立足太仓养老需求，以"专业有爱，让养老更简单"为宗旨，打造的"以社会工作为核心，以跨专业团队为支撑"的综合型养老服务机构。机构目前共承接了太仓市20余个社工项目，30余家日间照料中心服务，3个镇区的居家养老服务，20余个养老社工服务培训项目，通过服务体系的打造，增加老年人参与度，体现老年人自身的价值与能力，服务直接惠及太仓市3万多名老年人。

服务理念

太仓德颐善以"专业有爱，让养老更简单"为服务宗旨和使命，以老年人及家庭为中心，依托"德行兼备"的专业服务人员队伍，搭建全生命周期的养老服务体系，通过专业、细致、热忱、周到的服务，让老年人安享积极、正面的晚年生活，弘扬中华民族尊老、敬老、爱老、助老的传统美德和社会风尚。

太仓德颐善秉承积极老龄化的理念，依托社区照顾模式，立足长期照护的五师专业团队、老年人周边（日间照料中心、社工站和养老机构）、身边（居家养老服务）和床边（护理站）的各项养老服务，同时推动各类社会资源广泛参与养老工作，打造太仓市独具特色的"一镇一联"养老服务联合体。（图1）

图1 "一镇一联"养老服务联合体

此外，太仓德颐善还引导老年人通过新的参与、新的角色来改善其由于社会角色中断所引发的情绪低落，帮助老年人在社会参与中重新认识自我，从而把自身与社会的距离缩小到最低程度，通过怀旧治疗、静观自我、循证研究等专业方法实现老年人参与层次由被动到主动的转变。

服务举措

经过多年的服务探索与实践，太仓德颐善通过"全面+专业"的养老服务方式，在太仓营造的自然形成退休社区（naturally occuring retirement community，NORC）模式初见成效，形成了以老年人及家庭为中心，依托"德行兼备"的专业服务人员队伍，搭建全生命周期的养老服务体系，实现从传统家庭照料到现代社区照料的改变。

一、"整合+定制"——全面：构造综合养老系统架构

通过6年的体系建设与业务发展，德颐善逐渐形成了以社会工作服务、居家养老、长期护理保险和日间照料中心服务为核心的综合型服务体系，通过持续开展服务积累了丰富的养老服务经验，结合机构的服务特质与资源整合能力构造了前端——发掘养老服务需求、中端——形成服务解决方案、后端——多元服务介入、末端——服务成效测评的养老服务系统架构，为老年人提供整合式、定制化的养老

服务。

（一）前端——发掘养老服务需求：太仓德颐善自2016年承接太仓市"邻里家园"社区服务社会化项目至今，并于2021年承接太仓市首家市级社会工作服务指导中心及社工站项目，打通太仓市级服务资源，有效整合镇级"邻里家园"社工服务站和村社区社工室服务力量，把社工下沉到社区的优势发挥出来，建立了"联动平台派单—基层走访接单—指导中心协调处理"的服务体系，更多地触及乡镇、村社区的各个家庭和角落，进一步发掘老年人群体的服务需求。

（二）中端——形成服务解决方案：太仓德颐善根据老年人的服务需求，形成以居家养老、日间照料、机构养老、长期护理为主体的养老服务方案。机构依托社会工作师为老年人制订整合性方案，将包含困老帮扶、银龄互助等的社区照顾服务，"十助"、康复护理等居家养老上门服务，"10+100"的日间照料中心服务及以社会化家庭式服务为主的机构养老服务统合性地纳入服务方案中。

（三）后端——多元服务介入：通过前端和中端，太仓德颐善将采集的老年人服务需求进行分类与梳理，与机构养老服务实施相结合，提供日间托养、居家服务、家政服务、护理服务等服务内容，同时开展认知证照护、适老化改造、个案管理、医疗护理等有专业针对性的服务内容，丰富服务体系，拓展服务的宽度和广度。

（四）末端——服务成效测评：由于服务涉及不同部门和系统的高频联动，为了保障服务落实到位，太仓德颐善采用多层级的监督，定期探访老年人，针对老年人发生的生理、心理变化及时进行再评估，并动态地调整服务计划，相应地匹配资源，推动养老社工服务向更高质量、更全体系、更具尊严、更有温情发展。

二、"分层+主动"——专业：锻造专业养老服务模式

太仓德颐善立足老年人全生命周期，进行专业需求评估及过程管理，充分发挥作为个案管理师的优势，结合"身心社灵"四个层次和个体、家庭、社会三个维度开展生态系统评估，通过多层次、全方位地评定老年人的内外在资源及内外在障碍，及时形成对老年人的综合评估结果，并以评估结果为依据，整合社工站、日间照料、居家养老等专业服务资源，构建个案服务网络，对症下药，形成合力，帮助老年人恢复社会功能，完成两个"被动"到"主动"的转型：

（一）老年人从被动的服务接受者转变为主动的服务参与者

老年人随着年龄的增加和身体机能的退化，在社会中处于弱势，这会导致老年人形成自己"无用"的认知，太仓德颐善将助人自助的社工理念融入为老年人服务中，以增能的视角，提升老年人改变生活状态和获取资源的控制能力和影响力，鼓励他们从被动的服务接受者转变为主动的服务参与者，实现老年人从被动的服务接受向积极养老进行转变。

太仓德颐善社工以项目活动为载体，将老年人吸收进社区居民代表、楼道长、疫情防控等团队中，依托微治理、居民议事等载体引导他们参与社区建设。建立老

年委员会、退休教师工作室等基层老年社会组织，实行老年人自我管理、自我服务、自我教育、自我监督，通过构建一个稳定的议事社团、一个开放的公共营造场地、一个透明的信息公布机制和一支持续服务的志愿委员会，保障老年人的稳定参与，实现老年人的主动参与，让老年人的社区生活更有获得感、幸福感。

（二）服务模式由被动服务转变为主动服务

传统的社区服务主要基于功能缺陷和应急需求，属于被动服务，服务对象的需求一般是到了刚需才会给予补救性介入，太仓德颐善通过"邻里家园"及公益创投的开展，将社工下沉到社区，实现一人一档，在综合分析老年人相关信息的基础上，更多地做干预筛查、医疗健康宣教的主动性服务，进行健康等方面的干预。

同时机构将循证实践融入为老服务中，基于老年人需求提出研究问题、制订研究和介入方案，并评估解决方案的有效性。"不倒翁老年人防跌倒"项目就是个典型案例，从简易防跌宣传，到中医干预元素介入、家居风险筛查及改造，以及现在的循证研究视角下的高龄风险因素筛查低龄提前介入，社工在一步步将服务的视角往前推动，从被动服务到主动发现、主动干预、主动服务，对一些不可逆的伤害进行提前防范，从而让老年人能够实现主动健康的目的。

三、"信息+监管"——规范：运作标准养老服务流程

太仓德颐善依托信息化系统及职业化团队，致力于打造质量过硬的标准化服务，2015年即通过了ISO9001质量管理体系标准认证。2017年受太仓市民政局委托，邀请北京市养老服务标准建设委员会的专家拟定了太仓市养老服务标准。通过多年的扎根服务，机构已建立了完善的标准化体系，形成了一整套系统的标准化运作模式，得到民政部的认可。

（一）服务人员职业化

太仓德颐善实行职业化员工制管理，总部建立了一支有80多名工作人员的职业化养老服务团队，成立了专门的培训部门——颐善学苑，将社会工作、护理服务、心理学、健康管理、服务礼仪等知识融会贯通，开发了适合不同岗位的培训课程，培养出了一支有技术、有爱心的职业化养老服务团队。

（二）服务监督即时化

太仓德颐善基于多年养老服务探索经验，制定了标准化的服务流程，并依托信息系统、人工回访等方式实现了闭环规范管理。服务流程包括需求发现、平台派单、个案或小组服务、评估及结案。通过严格的岗位角色授权设置，即时生成安全可靠的服务数据，实现对服务的全流程即时化监督。

（三）服务管理信息化

太仓德颐善自主研发了"原居安老云"信息化系统，可对接政府采用居家养老管理系统、长期护理保险服务系统、日间照料管理系统、自费养老服务系统，本项目将综合运用自主系统、政府系统和呼叫中心，实现服务管理信息化。同时，自主

平台数据与功能端口也可开放给政府监管部门，实现基于个人数据隐私保护的监管导向的数据共享。

服务成效

一、构建养老服务体系：打造区域内养老服务联合体

太仓德颐善以各镇（区、街道）的养老综合服务中心为平台，整合区域内的养老服务供应商和社会组织资源，依托辖区内自有的社工站、日间照料中心、护理站和机构养老等专业服务部门提供涵盖老年人周边（日间照料中心和养老机构）、身边（居家养老）和床边（护理站、医疗机构）的各项养老服务，同时推动各类社会资源广泛参与养老工作，打造太仓市独具特色的"一镇一联"。

二、创新养老服务模式：养老管家精准对接需求供给

为了更精准地掌握老年人的服务需求，提高养老服务联合体内部资源整合的效率，太仓德颐善充分发挥自身在社会工作专业方面的优势，建立专业"养老个案管家"服务模式，以需求评估结果为依据，然后以此为基础制订老年人个性化的服务计划，并为每位老年人都建立一份服务档案。"养老管家"根据老年人服务计划，依托养老服务联合体的平台资源，提供个性化服务。通过个案管理的方法，"养老管家"可以"动态化"地掌握老年人的个性化需求并不断调整服务内容，及时回应老年人的服务需求，有效提高养老服务资源的利用效率。

三、完善养老服务内容：贴近刚需老年人实现闭环服务

在养老服务联合体的服务体系和"养老管家"的服务模式基础之上，太仓德颐善重点从服务的"供给侧"入手，认真研究分析失能、半失能老年人的刚性服务需求，逐步拓展社工特需、心理慰藉、生活照料、居家医疗护理、康复等方面的服务，逐步实现提供涵盖老年人"身心社灵"全方位需求和从完全自理到半自理到失能再到临终全周期需求的养老社工服务项目，形成高效闭环的养老社工服务供给体系，不断丰富居民"养老货架"，"一站式"解决老年人所有养老需求。

四、提升养老服务团队：立足专业服务整合社工力量

提供居家养老服务的核心在于"人"，太仓德颐善根据养老社工服务对社工人员的需求，加大对人力资源的投入力度，通过"内培外引"的方式壮大养老社工的团队。一方面，在中心内部通过培训和督导的方式，培育本土养老社工，并从现有的社工队伍中培训选拔出一批专业的养老社工服务培训讲师及督导，实现现有团队的提升；另一方面，利用优厚的待遇从外部招聘具有资质的社会工作专业人员，壮大中心的养老社工团队，最终打造一支800人的跨专业养老团队，通过不同专业人

员之间的相互配合，回应老年人全方位的服务需求。

五、制定养老服务标准：规范化标准化提升服务水准

为了保证机构的服务水准和可持续发展，及时提炼总结服务经验，形成可复制的服务模式，太仓德颐善整合养老社工服务各项服务的详细内容、流程、要求、记录等相关制度文件，形成相应的服务标准，并在中心内部贯彻实施，确保社工站及各服务点都能按照统一标准、统一要求提供服务，并严格按照标准的要求进行考核监督，确保服务质量，探索和形成具有太仓本地特色的居家养老服务标准，为打造居家养老的"太仓模式"做出自己的贡献。

多元协同：青少年社会工作的立体关护系统建构

刘丽华

服务背景

青少年是国家的未来、民族的希望。全社会参与促进青少年健康成长发展，是国家的基础性工程。近年来，苏州市各部门高度重视青少年的健康成长，先后出台了《苏州市优秀"青少年维权岗"创建、评比、表彰管理办法》《关于进一步加强苏州市"青少年维权岗"管理的实施意见》《关于全面推进全市城乡校外教育辅导站"强内涵、提质量、上水平"的若干意见》等一系列制度文件，对青少年的心理健康、社会融入、权益保障等提出了更高、更优的要求。为了进一步贯彻落实青少年权益相关工作，太仓市于2014年出台了《"为了明天——太仓市重点青少年群体成长护航工程"的指导意见》，紧紧围绕"成长护航"工程，以推进政府、社会、家庭和学校"四位一体"帮扶体系建设为目标，创新探索"成长护航+双零"工程及"网格化+权益"工作模式，构建"家庭教育、预防犯罪、心理健康、权益保护"的四维权益工作格局。

在共青团太仓市委员会、太仓市民政局、太仓市检察院、太仓市关心下一代委员会、太仓市妇女联合会等未成年人保护成员单位的共同努力下，太仓市青少年保护工作得到了大力推进，青少年社会工作向阳而生。从服务对象来看，太仓市青少年社会工作基本涵盖了0—25周岁的青少年，尤其是需求较为紧迫的群体，例如困境儿童（含特殊儿童）、不良行为青少年、临界未成年人等。从服务内容来看，太仓市青少年社会工作既包含了个体增能、朋辈关系、自我认知、亲子关系、职业规划等发展性服务，也涵盖了法治自护、禁毒宣传、关系疏导等预防性服务，此外还有救助帮教、行为矫正等治疗性服务。从服务的专业性来看，太仓市青少年社会工作立足社会工作三大方法，结合沙龙、历奇游戏、团队辅导等形式，实现了青少年社会工作者与青少年之间的连接，把握青少年的精准需求，更高效地解决了青少年的成长问题。从服务的范围来看，太仓市青少年社会工作实现了各镇区的全覆盖，同时也实现了企业、社区、学校、司法等青少年相关场域的全覆盖。在相关政策和资源的支持与帮助下，太仓市培育了一批敢为人先、开拓创新的青少年社会工作人才，开发了一批富有成效的青少年社会服务项目，切实发挥了青少年社会工作者在基层服务中的重要作用。

服务理念

中国社会科学院陆士桢教授认为，青少年社会工作是指青少年社会工作者针对全体青少年，通过使用科学和专业的服务方法，解决青少年的问题，回应、满足青少年的需求，促进他们的全面发展，进而推动社会和谐发展。

在打造服务型政府的大环境下，太仓市在为青少年提供更全面、更优质的配套服务，推进对重点青少年的关爱和帮扶，减少青少年偏差行为，有效预防青少年犯罪等方面面临着诸多挑战。发展青少年社会工作可以对有效应对这些挑战起到积极的助推作用。

基于此，立足太仓市青少年发展的整体情况，为了更好地回应青少年多样化的社会需求，太仓市青少年社会工作以青少年的需求为根本出发点，以促进青少年正向成长、维护青少年合法权益以及预防青少年犯罪为目标，孕育出太仓市利群社区发展促进中心、太仓市瑞恩社会工作发展研究中心、太仓市启航青少年事务服务中心、太仓市娄东街道娄新法治服务社等重点从事青少年社会工作服务的社工机构。其中，太仓市启航青少年事务服务中心作为太仓市首家专业青少年社工机构，成立于2014年，由共青团太仓市委员会主管，该机构积极响应政策号召和现实需求，运用社会工作专业理论和方法，融合心理学、社会学、教育学等不同领域的知识，为6—25周岁青少年开展社区矫正、司法观护、社会融入、正面成长等服务，为青少年家庭提供个案咨询、家庭关系、社会融入等专业化社会工作服务，致力于护航青少年健康成长。

服务举措

8年来，太仓市启航青少年事务服务中心（以下简称"启航"）在共青团太仓市委员会、太仓市民政局等部门的指导与支持下，始终坚守青少年社会工作者的服务初心，在家庭、学校、社区、司法机关等青少年成长重要场域中开展青少年护航工作。

截至2022年，启航已累计完成青少年相关服务项目142个，开展青少年个案服务1116例，结案959例；开展小组服务106例，结案105例；开展社区活动1926次、爱心课堂15184节，共计服务青少年及其家庭27万余人次，服务范围实现了太仓市所有镇区全覆盖。

其中，"爱心暑托班"项目作为政府实事工程，2017年至今已累计解决3080户双职工家庭、困难家庭未成年子女的暑期看护难问题；"检爱护航""青春护航""网格关爱"等项目干预1000余例行为偏差青少年，有效预防了未成年人犯罪。面向青少年的预防介入、诉讼介入、观护介入、矫正介入的全链条服务机制已初具雏形。

经过8年的锤炼，青少年社会工作者坚持将推进青少年社会工作、服务好青少年作为工作重心，在青少年健康成长、维护青少年合法权益、预防青少年违法犯罪等方面切实发挥了基层作用。

一、预防犯罪：青少年社会工作者在司法场域的嵌入

随着信息社会的发展，青少年涉罪案件呈现出案由多样化、群体低龄化、恶性案件频发等趋势，而国内外的研究和实践均表明，少年司法社会工作者的介入，对于预防青少年犯罪、帮助青少年重返社会等起着重要的作用。青少年社会工作者本着"教育为主，惩罚为辅"的原则，联合检察院、公安局、民政局、司法局等部门共同开展"合适成年人"、社会观护、社区矫正等服务，通过专业干预预防涉案未成年人再次违法，协助他们更好地融入社会。

有研究显示，导致青少年犯罪的主要原因是青少年认知的片面性与情绪的波动性。认知行为理论认为，认知和行为是一体两面的关系，二者不可分离。人的行为大多是心理、行为与社会环境互动的结果。涉案青少年错误的认知诱发偏差行为，如果偏差行为没有得到及时的制止和惩罚，便会强化青少年的错误认知，最终导致严重的后果。

基于此，青少年司法社会工作者通过预防介入、诉讼介入及观护介入三个方面有效减少青少年犯罪，预防再犯。

① 预防介入。青少年司法社会工作者开展了"校园070"（零欺凌）宣传、法治自护主题班会、参访戒毒所、"一日检察官"角色体验等活动，通过丰富的形式让服务对象学会抵制不良诱惑，感受到遵纪守法的重要性。

② 诉讼介入。由青少年社会工作者担任"合适成年人"，介入涉案未成年人审讯，跟踪帮教。以"未成年人利益最大化"为原则，最大限度维护未成年人的民事权益，保障未成年人身心健康发展。

③ 观护介入。在社区矫正过程中，青少年社会工作者为涉案未成年人开展了一对一专业化个案服务，以专业化的工作方法，让矫正青少年感受到关怀，拉近青少年社会工作者与涉案青少年的距离，帮助涉案青少年纠正对于守法生活与社区矫正的非理性认知，引导他们树立对未来生活积极良好的认知，从而使涉案青少年认识到自己的错误，改过自新，减少他们再次犯罪的概率。

目前，司法类工作主要运行项目有"检爱护航"青少年正面成长项目、"青春护航"——关爱青少年成长项目、"临界未成年帮扶"项目以及"心手相牵 共同成长"项目等，其中"临界未成年帮扶"项目获评苏州市"成长护航工程"示范项目三等奖。

（一）"检爱护航"——驻院社会工作者服务项目

太仓市人民检察院自2015年开始探索未成年人检察工作与青少年社会工作的合作，并逐年增强合作力度，探索未成年人保护工作的立体关怀和保护体系。"检爱护航"——驻院社会工作者服务项目自2016年实施以来，通过建立太仓市未成年人检察社会服务体系，向涉罪未成年人、未成年被害人、民事及行政案件未成年当事

人等提供帮教矫治、保护救助等社会服务。6年来，项目社会工作者共开展帮教服务860余次，以涉案未成年人的"合适成年人"身份参与涉案未成年人审讯144余次，开展法治宣传活动40场，损害修复基地开展小组活动36节，项目累计服务4000人次。

2021年，该项目在已有服务的基础上，对帮教对象使用统一的帮教档案，建立"3+1"帮教群，实现工作精准帮教，在保证检察官掌握帮教进度和成效的同时，监督帮教服务对象。在此基础上，深化服务覆盖范围，对未成年人预防介入、诉讼介入、跟踪干预全过程服务质量进行强化，并探索未成年人社区矫正一体化的可能性。

(二)"成长护航"——临界未成年人社会工作帮扶服务项目

该项目自2019年开始实施，主要是与临界未成年人辖区派出所合作，通过对辖区内涉案及临界未成年人进行跟踪，了解青少年的综合情况，为公安部门在涉案及临界未成年人的帮扶工作方面提供协助，在促进青少年正向成长的同时，保障青少年的合法权益。该项目通过社会工作专业力量的介入，秉承助人自助的专业理念，运用社会工作精准化、整全式服务技巧，对存在违法犯罪隐患的未成年人及其家庭提供全方位的帮扶服务。

(三)"青春护航，联动娄城"——网格平台青少年项目

该项目自2020年开始实施，主要是由共青团太仓市委员会依托青少年立体观护平台，将重点青少年信息导入联动中心数据库，并通过三级预警机制，对触及红线的网格青少年开展个案帮扶服务，对网格青少年在成长过程中所遇到的问题开展社会融入、就业指导、心理咨询等服务，并通过社会力量的介入，给青少年群体进行适当的监管并提供社会支持。

该项目通过社会工作者联合网格力量，形成"网格员+团干部+社会工作者"的工作模式，常态化服务于太仓市五类重点青少年，借此进一步完善预防青少年违法犯罪的工作体系，实现预防未成年人犯罪的全方位关爱。项目共开展技能培训4次，建立网格青少年档案40份，开展个案服务124例，开展联动送温暖活动10次，开展圆梦微心愿活动16次，累计服务450人次。该项目链接相关社会资源30余次，辅助1位辍学少年复学，形成经典案例1份，并获评"2021年江苏省优秀青少年事务社会工作案例"。

(四)"青春护航"——重点青少年服务平台

该项目自2016年开始实施，通过青少年社会工作者的专业性服务，改善低龄青少年群体实施危险行为后处于司法系统管理和家长管教的真空地带这一状况，也借此进一步完善预防青少年违法犯罪的工作体系，实现各环节的全方位无缝对接，真正实现对青少年群体的关爱、成长和保护。服务群体主要包括无职业的闲散青少年、有不良或严重不良行为的青少年、受救助的流浪乞讨青少年、服刑在教人员的未成年子女、农村留守儿童及其他低龄高危青少年群体。

社会工作者运用专业理念对青少年进行心理疏导，改变青少年的信念，从家庭

系统模式出发，提高家长的教育意识，改善亲子关系，引导青少年重拾对生活的信心和热情，帮助青少年建立正确的价值观和人生目标。

二、维护权益：青少年社会工作者在教育场域的嵌入

近年来，基于区域教育治理的需要，在太仓市民政局、太仓市教育局、共青团太仓市委员会的支持下，学校加大了与社会组织的合作力度，社会工作者开始入驻学校，协助开展育人工作。

学校社会工作旨在将社会工作的理论、方法及技巧运用于教育机构和相关设施中，致力于改善学习环境和条件，帮助有困难的学生提高适应学习和生活的能力，通过与学生及其家长以及学校和社区的互动，协助预防和解决学生问题，促进学生健康成长。

在校青少年一般面临学业压力繁重、朋辈关系紧张、亲子沟通不畅、认知行为偏差等问题。积极青少年发展理论认为，所有青少年都有积极成长和发展的潜力；青少年所处的关系、情境和生态系统对他们的发展有着基础性作用，青少年只有参与到这些层面中去，才能获得积极发展；所有青少年都能够从与他人相处、融入情境的过程中受益，因此应注重运用增权、参与、支持等方式；社区对青少年发展有着关键的作用；青少年是自身积极发展的主要行动者。

积极青少年发展理论很好地契合了学校社会工作的理念，学校社会工作者通过链接内外部资源、整合内外部条件，使青少年与具体的情境相联结，形成"家庭—学校—政府部门—社区—社会组织—社会工作者"等多元主体共同参与学校教育治理的局面，构建学生健康成长的和谐环境，促进学生个别化教育，建立健全学生的社会化人格，使学生更好地适应当前与未来的生活。在此理论的指导下，启航在既往的探索中先后开展了"青春作伴"服务项目、"青柠檬"——青少年禁毒教育项目、四点半课后延迟服务项目、"缘聚太仓，让爱回家"——政社协同下务工子女联校社会工作者服务项目等。

（一）"青春作伴"驻校社会工作服务

2017年起，共青团太仓市委员会、江苏省太仓中等专业学校、太仓市启航青少年事务服务中心三方联合拓展社会组织入校园服务。作为太仓市第一家探索驻校社会工作的机构，6年来，启航在学校累计开展活动73场；开展个案服务65例，积极结案55例；开展小组活动30节，项目累计服务3300余人。2022年，该项目在开展个案、小组、家校联动之余，通过问卷调研形式完成调研报告，为了解社会组织的介入成效提供了有效的参考。

（二）"缘聚太仓·让爱回家"——政社协同下务工子女联校社会工作者服务项目

政社协同下务工子女联校社会工作者服务以洪泾小学和卉贤小学务工人员子女的心理关护服务为主，旨在通过社区、小组、个案工作法，丰富务工子女的课余生

活，提升他们的自信心，给予他们更多的情感支持，让他们能够快乐、健康成长。社会工作者通过资源连接，协助学校建立心情宣泄室和互助社团，通过引入广播等方式关注青少年心理健康，项目累计服务2802人次，并探索和建立联校社会工作者服务制度。项目执行周期内，形成了针对10—12周岁青少年的个案诊断服务体系和家庭沟通指导手册，并营造出关注学生身心健康的良好校园氛围。

（三）"青柠檬"——青少年禁毒教育项目

青少年禁毒教育项目以讲解禁毒知识、观看禁毒漫画和影片、发放宣传资料等方式开展禁毒知识教育，宣传毒品的危害性，让学生认识毒品的种类、吸毒的工具、毒品的传播途径等，普及拒毒、防毒知识，教育学生自觉远离毒品，增强学生对毒品的抗拒力，解答广大学生对毒品的疑问和困惑。

青少年禁毒教育项目的开展，旨在帮助广大青少年学生提高自我防护意识，增强青少年学生对毒品的抵御防范能力，让广大青少年远离毒品，确保青少年坚定"珍爱生命、拒绝毒品"的决心和信心，树立正确的人生观和价值观。该项目得到了广大学校老师和家长的认同和赞赏，产生了良好的社会效应，自2019年开始，累计服务受益人数约3000名。2020年该项目获得苏州市"青盾计划"十佳项目荣誉。

三、促进成长：青少年社会工作者在社区场域的嵌入

社区项目主要服务对象是社区青少年，社区社会工作者通过为特殊青少年、困难青少年提供专业化服务，解决社区治理难题，推进居民自治，探索建立社区服务专业化、社会化的新途径。

在社区场域中，青少年社会工作者服务的对象大多为困境儿童、留守儿童、特殊儿童等。优势视角立足于发现、寻求、探索及利用服务对象的优势和资源，以开发人的潜能为出发点，协助其从挫折和不幸的逆境中挣脱出来，最终达到其目标，实现其理想。这一视角强调人都具有内在的转变能力，因而社会工作者会协助服务对象挖掘自身潜能，实现自我突破。

在此理论的指导下，启航中心先后开展了"爱心暑托班"项目、"娄城关爱班"项目、"印溪学堂青少年综合服务"项目、"七彩夏日青少年服务"项目、"流动人口关怀"项目、"博爱社区"项目以及党建服务项目等。社区项目开展的"暑期托管"服务切实解决了太仓市双职工家庭暑期看护的实际需求。2019年，"爱心暑托班"项目获评2020年江苏省青年志愿服务项目大赛关爱留守儿童类项目三等奖及2021年太仓市十佳社会组织优秀案例及项目。

（一）"七彩夏日"爱心暑托班服务

该项目自2014年在共青团太仓市委员会的支持下从城乡接合部社区开始探索，自2017年开始，该项目被列为太仓市政府实事工程，由共青团太仓市委员会联合太仓市文明办、教育局、妇联、关工委主办，相关部门协办，依托青年之家、校外辅导站、妇女儿童之家等平台，充分发挥青年志愿者、青少年社会工作者、"五老"

关爱团等队伍的力量，由启航中心具体实施，面向7—13周岁青少年开展暑期托管服务，旨在满足太仓市双职工家庭未成年子女暑期照管需求，通过建立思想引领、法治自护、能力培养、社会实践、课业辅导"五大"核心课程体系，促进青少年个体成长和发展。暑托班特设岗位，为高中生、大学生及社会志愿者提供志愿服务的机会。该项目已连续5年被纳入政府实事工程，在服务范围上实现了太仓区、镇全覆盖。

在为期6年的暑期托管服务中，项目累计开展托管服务49956小时，共惠及5988名青少年，受益家庭6500个；共招募青年志愿者826人，累计志愿服务时长1115441.5小时，家长满意度99%；共计参与送课的培训机构、社会组织100家，链接市场监督局、法院、海关、关工委等单位60家，完成公益课程服务时长共计8592小时。

（二）"印溪学堂"暑期青少年托管服务

受市政府实事工程的影响，街镇和社区开始更为关注辖区内青少年的成长引领需求。自2019年社区自主采购暑期托管服务以来，该项目已连续实施4年。4年来，项目累计服务430名青少年，共招募志愿者41人，累计志愿服务时长2305小时，志愿者平均满意度95%。

2022年，为进一步贯彻落实"我为群众办实事"精神，"印溪学堂"暑期青少年托管服务升级，关注企业职工家庭暑期托管需求，以专业服务提升沙溪温度。

（三）博爱社区建设——社区社会工作者服务

该项目是在红十字会"博爱"理念背景下设计的社区发展型项目，也是太仓市第三届联合公益创投获选项目之一。项目致力于调动多元主体助力服务于社区，最终建立具有"博爱"理念的环境友好型社区。

由太仓市红十字会、相应村（社区）及社会工作者、志愿者组成工作团队，对落地村（社区）的工作人员、网格员、居民小组长及保安进行急救技能的培训、红十字文化及"三献"知识宣传活动、"防灾减灾"灾害演练活动和"博爱家园"义诊活动，为居民保持健康身体保驾护航，引导村（社区）居民了解红十字文化，宣传和倡导"人道、博爱、奉献"的红十字精神；组织村（社区）青少年开展暑期红十字自护教育活动，通过活动带领青少年学习自护救援知识，提高青少年自护自救知识和技能。

截至2021年，项目服务范围不断扩大，会员社区从7个拓展至10个，受益对象覆盖太仓市城厢镇、沙溪镇、璜泾镇和浮桥镇。

（四）太仓市健康自我管理社区实训基地

该项目以倡导每个人都是自己健康的第一责任人为理念，以景瑞社区健康自我管理基地为基础，做优社区健康自我管理项目，助推健康城市建设。项目内容涵盖健康知识进社区、暑期青少年自管小组、示范教学、督导小组建设等内容，累计受益601人次。2022年，完成健康自我管理小组教学片拍摄，为小组标准化建设打下了坚实基础。

（五）暖暖心光——社会工作者介入特殊儿童家庭关爱服务

2021年，启航中心联合太仓市娄东街道办事处共同申报了新时代苏州儿童"幸福港湾"实践项目。该项目聚焦娄东街道管辖区内的特殊儿童家庭，形成"社会组织+爱心商家+爱心互助队"的合作方式，共同营造社会对特殊儿童的关爱与支持环境。在助人自助的价值观引领下，创新性地提出了"四个一"暖心服务品牌，即"一平台、一档案、一菜单、一团队"。项目累计服务500人次，建立爱心商家30家，有爱心志愿者50名，并打造出一支志愿者队伍、一个志愿互助小组。

8年来，太仓市启航青少年事务服务中心积极探索青少年服务长效机制，通过司法系统、教育系统、社区系统等青少年场域的介入，致力于全阶段、全覆盖、全方位地护航青少年健康成长，推动青少年服务的无缝对接，实现了青少年社会工作服务的新突破。

服务成效

启航注重服务质量的夯实，更专注于对服务对象深层需求的探索。目前，由预防介入、诉讼介入、观护介入、矫正介入构成的全流程青少年成长服务体系已初显成效，启航正助力推动太仓市青少年社会工作的高质量发展。

一、实现提质增能，聚焦政策环境，精准匹配青少年需求

在项目平稳运行的基础上，启航认真钻研《中华人民共和国未成年人保护法》《中华人民共和国家庭教育促进法》《关于推进儿童友好城市建设的指导意见》等与青少年相关的政策文件，借鉴各地经验做法，以期为青少年提供更优质的专业服务。

在服务质量上，启航认真探索，精准跟踪。2020年，启航已开始着手建立青少年个案信息库，通过完善个案信息库，链接多方资源，精准服务每一位青少年。此外，启航积极做实课题研究。2021年，启航积极参与太仓市区域重大课题"政社协同视域下县域教育治理创新的行动研究"子课题。启航总干事作为课题研究的第二主持人，带领课题组成员，积极探索，攻坚克难，通过理论研究、实证研究、案例研究、行动研究等方法，构建出家校政社协同共育的机制，并以社会工作者入校服务为实践根基，持续性跟踪社会组织参与下的家校政社共同育人机制，不断完善研究成果，反哺服务质量提升。

二、达成资源联动，聚合多方力量，协作护航青少年成长

在机构成立、发展的过程中，机构的合作部门已从共青团太仓市委员会、民政局，已逐步扩展到红十字会、教育局、妇联、关工委、检察院、应急管理局、科协等多部门，全方位覆盖与青少年成长发展相关的各个部门。从范围来看，启航立足城厢镇向各个乡镇扩展，逐步覆盖全太仓市，致力于服务更多的青少年。

项目合作方的支持是启航开展工作的主要动力，同时也是实现关爱青少年的主

要助力,作为致力于护航青少年健康成长的机构,启航将持续积极主动地链接更多有利于青少年发展的资源,为青少年提供符合成长需求的社会服务。

三、注重交流成果,聚能专业工作需求,培养培力核心化团队

自2014年开始,太仓市探索实施青少年社会工作实训基地建设,启航成为太仓市首家也是唯一一家"青少年社会工作者实训基地"。通过开展青少年社会工作专业技能培训,提升社会工作者专业化水平,切实满足了青少年的多层次服务需求。6年来,启航培养了青少年社会工作者180名,为太仓市输出青少年社会工作人才150名。

在青少年社会工作者课程研发方面,启航注重经验推广。2020—2021年,启航中心的两位"星火讲师"通过讲课、磨课及课程优化,推出"产品化"形式的社会工作者课程。目前策划研发内容包括但不限于青春期教育课程、司法社会工作者服务手册、暑期托管操作手册及青少年社会工作实训基地课程集等。

除了青少年社会工作者的人才培育与课程开发外,启航多年来一直注重对外的交流与分享,截至2021年年底,启航接待和交流累计约72场,其中包括团中央、团省委、波兰访华团、长三角等各地民政、团委、卫生健康系统、基金会和兄弟社会组织,在互动中,机构积极输出太仓市的青少年社会工作经验,并在交流中逐步成长。

太仓市青少年社会工作者肩负护航青少年健康成长的责任,坚守社会工作独特的服务理念和专业价值,立足预防违法犯罪、社会融入、权益维护、正面成长的分级目标,不断探索积累本土经验,通过服务手段、服务方式的创新,着力打造青少年立体关护系统,致力于推动全市青少年社会工作的高质量发展,为长三角区域青少年社会工作贡献太仓力量。(图1)

图1 "1155"青少年"立体关护"服务模式

四融四化,构建社区治理"XIN"局面
——太仓市社区社会工作实务探索

张聪聪

服务背景

我国社会治理模式的实践转型是从政社一体到政社互动,在主体上实现了从一元主体向多元共治的转变,在职能上实现了从以管理职能为主向侧重服务职能的转变,从指向上实现了由单向管控向良性互动的转变。太仓的"政社互动"历经倡导清单式管理、推进主导式治理、聚焦能动式善治三个阶段。如今,太仓市已正式迈入"政社互动4.0"时代,以"融合共治"为行动框架的新阶段,正在打造社区幸福生活共同体。

从1.0时代到4.0时代,太仓市不断探索如何扩大社区治理主体、创新社区治理模式、提升社区治理成效、革新行业整体趋向,在机遇与挑战并存之下,太仓市德生社会工作服务中心应运而生,该中心紧扣"政社互动"各阶段治理方向,全心全意扎根社区,聚焦主体单一、模式传统和成效低微三方面问题,致力于促进社区治理主体由"1"向"N"转变,推动社区治理模式创新,实现社区共治,最终立足探索适合社区发展特色模式、催化社区治理行业形态转变、构建社区治理"共建共治共享""XIN"局面。

服务理念

太仓市德生社会工作服务中心(以下简称"德生")始终以"正德厚生、臻于至善"为核心服务理念,提升机构专业水准,探索服务可持续发展模式,致力于打造一支"品德好、专业强、服务优"的社工团队。德生坚持以专业的形式行善事、立善德,追求"以生命影响生命",始终坚持服务为民原则,将服务做进群众心中。德生依托"社区照顾"和"地区发展"两大服务模式开展社区社会工作。

社区照顾模式指社会工作者调动社区资源,构建非正式支持网络,对接专业服务资源,让有需要照顾的人士在家中或社区等熟悉的环境中得到照顾与帮助。德生社工依托心理社会治疗模式、家庭治疗模式、认知行为模式等专业理论,以个案形式提供针对性专业支持;同时,充分挖掘社区资源,对接专业人士"上门服务",形成"一对一"结对帮扶机制,构建非正式社区互助网络,最终以社会支持网络的

常态化运营，保障服务的可持续性。

地区发展模式是社区社会工作的介入模式之一，其目标在于提高社区自助的能力，整合社区资源，推动社区居民广泛参与，携手改善社区问题，改变社区。在该模式下，德生社工以推进协商议事、组建自治团队、明确自治清单、规范自治形式以及形成自治鼓励机制等方式，不断强化居民自治意识，构建居民自治平台，致力于促进居民实现"想参与""会参与""乐参与"三个阶段的思想转变，实现听居民之意、集居民之力以改善社区现状。

服务举措

自2018年成立以来，太仓市德生社会工作服务中心积极探索，不断突破，逐步实现社区社会治理多元化发展，在社区照顾模式、地域发展模式等专业理论的支撑下开展社区治理工作，坚定主线思想，落实服务形式，整合工作方法，逐步形成"四融四化"服务模式。

一、熔炼方法，促进治理专业化——推动"社区+社工"双向成长

德生社会工作服务中心建立了"社区+社工"专业化团队，以驻点的形式融入社区，通过社工的专业与社区的实操碰撞，融合双方优势，以专业方法促社区治理。其间，德生积极强化治理团队培育建设工作，依托专业督导力量，协调社工与社区的配合，逐步熔炼"社区+社工"社区治理专业化团队，带领社区治理逐步走向专业化。

社会工作追根究底是做"人"的工作，社区社会工作离不开社区居民，社工定期走访关怀社区各类特殊群体，如残疾人、困境儿童等，及时发现居民需求，有的放矢开展关怀服务。针对居民个性需求，提供情绪疏导、心理慰藉、危机干预、政策解读、方法引导等个案服务，帮助服务对象走出困境。德生社工曾帮助处于婚姻迷茫期的妇女找回家庭温暖，服务对象因经常与丈夫产生争执向社工求助，社工经前期评估、与服务对象探寻问题，中期从服务对象自身角度出发，转变其偏差认知，逐步引导服务对象客观、平静地面对问题，通过教授服务对象沟通技巧，发挥服务对象女儿的支持力量，从根源上解决了服务对象的问题，减少了家庭矛盾，缓和了家庭关系。

德生社工结合项目，重视外展工作，以外展形式走进居民生活中，以关心温暖民心，以关怀了解民需，为社区治理工作开展奠定群众基础。社区治理工作围绕"居民需求"展开，德生社工始终坚持"为民服务"工作原则，做到服务于民，服务为民。

二、融汇民力，推动治理自主化——推动居民参与社区治理新格局

聚民心、集民意、治民生，德生社工紧紧围绕"社会协同、公众参与"的思

路,积极探索居民自治的有效途径,用心引导居民参与社区公共事务,实现了治理模式由"少数人管多数人"向"自己人管自己人"的有效转变,落实"居民事居民议""居民事居民管""居民事居民办",大大促进了居民、社区、社会、生态等各方面的和谐发展,逐步构建居民参与社区治理的新格局。在实现治理自主化的过程中,德生社工主要通过居民议事、民主协商、意识强化、组建团队等多种形式引导居民讨论社区治理难题,推动居民参与问题解决方案的决策过程,引导居民共同参与社区治理。在德生社工的组织下,社区居民成功参与社区"楼道乱堆放""袖珍农田""垃圾分类"等社区治理项目。在此过程中,德生社工重点着眼于培育居民自治团队,依托居民自身能力与群体影响优势,实现"居民呼吁居民""居民带领居民""居民影响居民",形成可持续发展的社区自治模式。

三、融聚资源,实现服务整合化——推动内部资源整合利用新方向

整合内生资源,推动社区治理再发展。内生资源涵盖社区爱心企业/人士、社区商铺、社区有一技之长等可为社区治理做出突出贡献的单位或个人。德生社工凭借自身专业性和敏感度挖掘社区内部资源,创建社区内部资源图谱,成立资源团队,形成资源高效运用机制。社工依托项目建立"一村一册"资源图谱,成立"一村一队"资源团队,以简洁明了、生动形象的形式汇聚医疗、家居服务、生活照料、儿童健康辅导等方面资讯,拓宽服务方式与渠道,为居民带去更加专业化、个性化、便利化的服务。

四、融合特色,构建服务品牌化——推动社区治理服务模式新发展

以社区治理经验为基础、社区发展规划为导向、社区特色模块为依托,社工在项目中融入各村社区特色,制定"一村一品",开创社区治理特色品牌,吸取教训、凝练精华、深化治理,为后期社区治理发展奠定基础,保障社区治理成效可持续发展。太仓市民政部门多以项目化形式推动社会组织参与社区治理工作。德生社工关注社区治理新形式、新发展,尝试承接社区、妇联、民政等多个部门主办的社区治理项目,致力于探索不同形式下的社区治理模式,力争实现"殊途同归"治理成效。

服务成效

德生社工以自身探索实践,初步构架社区治理"四融四化"服务模式,最终形成影响个人、社区乃至整个行业的社区治理"XIN"局面。

一、服务对象安"心"

通过"社工+社区"服务团队的建立与培育,提升社区整体服务的专业性,实现居民需求的高效化解决,通过个案、小组、外展等社会工作专业工作方法,进一

步落实个性化服务需求，真正实现"服务为民"，从精神层面改善服务对象的生活水平，提升服务对象的幸福感。

二、社区治理创"新"

通过组建志愿者团队，创建志愿者服务品牌，强化居民自治意识，拓宽居民参与途径，推动治理模式从"社区一手操办"逐步转向"社区+社工+居民"的多方共治模式，建立"四融四化"服务模式，实现社区治理模式创新。

三、行业模式革"新"

推崇品牌化治理，通过建立"一村一品"，扩大社区治理经验整合力度，提升社会治理成效宣传力度，德生社工以身试"法"，致力于将新型社区治理打造成可操作、可复制、可持续发展的模式，以呼应行业模式革新趋势，为太仓市的社区社会工作贡献力量。

凝心聚力，营造有温度的善治社区
——太仓市社区社会工作实务探索

柴定红

服务背景

进入新时期，社会主要矛盾的转变给中国社会治理带来了新的考验和要求，破解这一难题亟须进行社会治理机制的探索和创新。社区治理是社会治理的"最后一公里"，探索如何在新的形势下实现社区治理的突破和创新显得尤为重要。太仓市创新城乡社区治理需要引入新元素，打造新链接，编织新关系，构建新形态，其中"政社互动"是创新社区治理的重要举措。

太仓市利群社区发展促进中心（以下简称"太仓利群"）正是在此背景下，顺应太仓市"政社互动"政策倡导而创立的社工专业机构。太仓利群旨在秉承社区社会工作的专业理念和方法技能，充分发挥社会组织的治理资源和运作资源优势，协同多元主体，打造基于地缘关系、业缘关系和趣缘关系的新型人际链接方式，编织新型社会关系，提供个性化的专业服务，凝聚民心，聚合多元社会力量，建构新的社区形态，创新社会治理，营造有温度的善治社区。

服务理念

太仓利群是一家依托华东师范大学等高校社会工作的专业支撑、以物理空间营造为载体、以人和文化的营造为内核的社区社会工作专业组织。

社区社会工作地区发展模式认为社区网络日趋解体，居民的社区参与度低、归属感差、自治能力缺乏以及社会资本匮乏，其核心理念强调居民的参与和合作沟通，注重对居民在参与社区发展过程中的个人能力、公共意识和社区归属感的培养，在一个较大的社区范围内鼓励社区居民通过自助或互助的方式，广泛参与社区事务，重建社会网络，改善邻里关系，解决社区问题，推动社区发展，实现社会整合。太仓利群长期深耕社区营造领域，利群社工秉承地区发展模式的核心理念，以促进居民之间的交流和互助、培育居民的社区责任感和公共意识、挖掘和培育社区的内生力量并引进社区外专业人士来指导居民自治为主要考量，同时搭建自治和共治平台，整合社区内外资源的共建共治共享。

社区营造的根本在于"造人"。除了赋能和服务社区大众、通过自治和共治提升福祉和促进社区发展以外，利群社工还充分利用自身优势，为有需要的社区居民提供情绪管理、危机干预、纠纷调解和职业发展支持等专业服务。在此过程中，利群社工基于积极心理学和场域理论，建构治疗模式、行为矫正模式与发展模式相融合的社会工作整合干预模式，从预防、修复和发展三个层面提升居民的社会功能和社会适应度。

服务举措

多年来，太仓利群一直坚守社会工作的专业理念，致力于建构本土社会工作的产、学、研一体化发展模式，打造社会工作专业化、职业化、社会化的实务标杆。如今，太仓利群已经形成了社会治理创新研究、社区治理人才赋能和社区社会工作服务三位一体的社区社会工作服务体系，积累了丰富的实践经验和实务案例，取得了各方的广泛认可和较好的社会影响力。

一、社会治理创新研究，为顶层设计和实践发展提供指导

当今社会，过去遗留的老问题与当下日益凸显的新问题相互交织，对我国加强和创新社会治理提出了严峻挑战，使得社会治理的精细化和专业化程度日益提高。从"摸着石头过河"到"加强顶层设计"，方法论转变，社会治理研究的必要性和重要性日益凸显。

加强社会治理研究，必须从社会历史背景、基层现实情况、社会民生问题等多视角、多维度来分析问题和解决问题。太仓利群近年来承接近30多个社区治理类项目，组建了来自高校专家学者、政府官员及实务界资深专业人士的强大专家智库，实现产、学、研相结合，采用大数据信息分析工具，提供社区需求调研、社区发展规划、社区项目设计、工作指南编撰、案例编写和社会政策评估等一站式服务。

近年来，太仓利群承接了"政社互动""社区生活共同体""社区分类治理"及"社区民主协商"等多个主题研究项目，对"政社互动"深化拓展、社区生活共同体建设、社区分类治理体系建设、社区民主协商体系建设及儿童青少年的家校社共育模式创建等主题展开了系统的调查和研究，为太仓市社会治理工作的顶层设计与实践工作提供了参考和借鉴。

二、社区治理人才赋能，为组织发展和实务发展提供保障

城市不断开放，经济持续发展，社会快速转型；社区人口结构变化重大，居民居住形态更加多样，社区组织主体更加多元；社区诉求、群众需求更加多元复杂……这一切的变化似乎都让"复杂"与"挑战"变成社区治理的主旋律。如何应对挑战？社区治理人才队伍建设是关键。多年来，太仓利群充分发挥高校专业支撑的优势，从认知、态度、知识、方法和技巧五个方面入手，精准定位需求，系统开发课程，合理匹配师资，科学管理过程，建构了社区治理专业人才培育的一体化解

决方案。

首先，太仓利群针对社区发展问题，根据社区社会工作的核心理念和精细化治理战略，按照"三三"原则，即三分管理（分条、分类、分块）、三阶育人（进阶性课程体系）和三步教学法（课堂学习、情景演练、实践锻炼），分别开发了针对新进干部和社区工作者、中青年骨干及正副职干部等多个群体的三阶课程体系，并承接了多个培训项目。其中社区营造师、社区引导师、社区规划师、社区领袖、社区民主协商、社区分类治理、参与式互助社区营造和儿童友好社区营造等品牌课程取得了良好的社会反响。

其次，太仓利群针对社区居民的心理健康、危机干预、家庭教育、职业支持和纠纷调解等问题，基于临床社会工作的理论和方法，开发了一些微观干预理论、方法和技能培训课程，为社区工作者、临床社工师、心理咨询师、中小学教师及有需要的家长等相关人士提供系统的专业培训。其中心理健康社工师、情绪管理师、家庭指导师、危机干预师等品牌课程取得了广泛的社会认可。

三、社区社会工作服务，打造三位一体的专业服务品牌

太仓利群多年来深耕社区，建构了基于"社会资本和自治能力建设"的社区营造服务、基于"心理资本和社会功能提升"的专业人群服务和基于"组织培育和行业发展推动"的平台运营服务等三位一体的专业服务体系，从预防、修复和发展等不同层面重构资本、权利及空间组织之间的关系，打造了一系列专业服务品牌。

（一）基于"社会资本和自治能力建设"的社区营造服务

根据地区发展模式的核心理念，太仓利群社工基于自组织理论，立足人文地产景社区发展要素，从社区调查、居民动员、资源动员、平台搭建、陪伴支持和总结宣传等方面，让居民从关注生活事件到参与社区治理，建构良性的社区关系网络、互动网络和平台网络，提升居民的社会资本和自治能力。

目前，太仓利群分别承接了"邻里家园"项目之类的综合性基础性社区服务项目、民主协商等之类的专题性高阶性社区治理个性化定制项目，以及相关的公共空间营造项目。

综合性基础性社区服务项目——邻里家园项目主要通过为社区弱势群体提供慰问、帮扶和关爱等基础性服务提升其社会功能，同时对一般社区居民通过动员、赋能、陪伴和支持等提高其社区参与意识和社区自治能力。太仓利群先后承接多个"邻里家园"项目，培育了多个社区组织，孵化了多个社区品牌项目，获得社会各界的广泛好评，其中东仓村、闸北村和新闸村分别被评为2021年太仓市示范社区。

主题性高阶性社区治理个性定制项目则根据各级政府或社区居委会的要求，设计并提供个性化的社区治理服务，打造社区治理品牌，满足社区发展的个性化需求。太仓利群先后承接了浏河镇社区分类治理、陆渡街道民主协商项目、东方社区儿童友好社区营造项目等个性化定制项目，取得了良好的社会成效。社区分类治理项目

和民主协商项目多次被苏州市民政局和太仓市民政局评选为优秀项目，儿童友好社区项目也获评妇联优秀项目案例。其中，陆渡街道"以民主协商议事创新基层治理模式"项目入选2022年江苏省优秀社会组织案例。

公共空间营造项目则以物理空间营造为载体、以人和文化的营造为内核，将公共空间与参与式规划、社区文化营造、社区服务等元素结合起来，为居民提供空间友好、环境友好、服务友好和居民自治于一体的空间。其中东仓村的环保小屋和东方社区的儿童友好花园获得多家媒体的现场报道。

（二）基于"心理资本和社会功能提升"的专业人群服务

心理健康、危机干预、情绪管理、家庭教育、职业支持和纠纷调解等属于高级社会工作的实务范畴。虽然服务对象和干预内容不尽相同，但都涉及人的认知、情绪和行为障碍的预防与矫正，以及情绪、情商和情感方面的疏导和增能。太仓利群社工基于积极心理学视角和组织行为模式理念，致力于为有情绪和行为障碍的居民提供情绪管理和行为矫正方面的专业服务，同时为有情绪管理、情商提升和社会情感培育需求的居民提供疏导和成长支持服务，通过整合社会工作服务模式，提升居民的心理资本和社会功能，最终提高应对风险的能力和幸福感。

一方面，太仓利群社工基于家庭和社区场景，通过社会工作服务站和专项人群服务项目为社区居民提供心理健康、危机干预、情绪管理、家庭教育和纠纷调解等高级社会工作实务服务，为有特殊需求的居民提供个性化、精准化的专业服务，解决社会痛点问题。另一方面，太仓利群基于家庭和学校场景，通过学校社工项目，为广大师生及家长提供预防、矫正和发展三个维度的心理健康、职业规划和潜能发掘等方面的高级社会工作实务服务，建构家校社共育模式，为学生的健康成长、良好师生关系和良性家校互动模式保驾护航。其中2019年和2020年学校社工项目产生了良好的社会效益，获得多个奖项，浏河镇社工站获"2022年苏州市优秀红色社工站"荣誉称号。

目前，太仓利群已经整合国内30多名资深临床社工师和心理咨询师，建立了情绪和行为障碍评估、咨询、矫正、培训和研究服务方面的一站式服务平台，通过O2O模式建构了家庭、学校、社区、社会组织、地方政府和科研机构多元参与的一体化儿童青少年成长问题解决方案，打造"第四域"服务品牌。

（三）基于"组织培育和行业发展推动"的平台运营服务

太仓利群社工也利用机构的专业优势，通过社会组织服务中心和慈善服务中心等支持型、枢纽型服务平台的运营，整合政府部门、研究机构、社会组织的优势资源，以及企业、事业单位和社会民众的公益资源，为社会组织和社区组织提供信息咨询、培训交流、评估督导等专业服务，促进行业发展。

目前，太仓利群承接了多个社会组织服务中心和慈善中心的项目。其中社会组织服务中心主要通过公益信息发布、社会组织辅助管理、资源对接、督导培训、评估评价、党建服务等职能，以公共服务平台、"互联网+社会组织"、社会智库力量、社会组织集群、成果宣传展示等动静结合的模式，助力浏河镇和璜泾镇社会组织和社区组织的发展。其中浏河镇社会工作服务中心获"2022年苏州市社会组织党建工作示范点"荣誉称号。

服务成效

一、个人层面：提升了服务对象的心理资本、人力资本和社会资本

太仓利群秉承助人自助的社工理念，通过临床社会工作干预和培训增能服务提高了服务对象的心理资本和人力资本，同时通过社区营造服务提升居民的社会资本，从而提高个人的社会功能和生活质量。

二、社区层面：提高了居民的社区参与度、社会责任感和自治能力

太仓利群秉承地区发展模式的核心理念，通过居民动员、资源动员、团队培育、平台搭建等方式提高居民的社区参与度，培养居民的社区责任感和社会良知，提升居民的社区自治能力。

三、社会层面：增加了社会福祉，促进了社会整合，营造了善治社会氛围

太仓利群立足社区，通过动员多元主体参与、多方资源相聚和多种机制相融的方式，建构多层次多类别的服务平台、互助平台、自治平台和共治平台，重构人际、组织及其相互之间的关系，提高社会福祉，促进社区整合，营造善治社会氛围。

四、专业层面：发挥服务品牌的辐射和示范效应，推动行业发展

太仓利群一直致力于追求专业和卓越，打造了多个专业服务品牌项目，并充分发挥服务品牌的辐射和示范效应，展示专业服务的魅力和效用，提高社会工作的社会认可度和影响力，推动行业发展。

退伍不褪色，聚能守心促双拥
——太仓市双拥社会工作实务探索

屠燕红　郭　蓉　龙绍眉

服务背景

作为一个特殊的群体，退役军人曾为保家卫国、建设家乡做出了杰出贡献。退役军人工作事关强国兴军大业，受到了党中央的高度重视。2018年，我国成立退役军人事务部，加强对军人军属合法权益的维护，构建退役军人服务保障体系建设。然而，我国的退役军人数量庞大且需求复杂，传统服务模式难以满足该群体多层次的需求。如何关心、关爱退役军人，用心、用情、用力服务退役军人是我们应共同思考的命题。

为推进新时代退役军人服务的开展，引入专业力量精准回应退役军人需求，太仓市各镇（区、街道）积极将社会工作引入退役军人服务领域，累计已有9家社会组织参与到退役军人服务管理工作中，初步形成了"退役军人服务保障+社会组织精准参与"的退役军人服务工作新格局。

太仓市欣诚社会工作服务社（以下简称"欣诚"）成立于2014年，现为5A级社会组织和江苏省文明单位，在多年推进项目工作中积累了丰富的退役军人服务经验，在服务过程中不断探索，形成了具有太仓特色的"1+3"服务模式，为退役军人提供全方位、多层次、高品质的专业服务。

服务理念

欣诚在退役军人服务过程中始终秉持"以人为本"的服务理念，关注个体个性需求和群体共性需求，坚持把"以人为本"作为一切服务的出发点和落脚点，在实务探索的基础上，始终坚持"四全"服务原则，即为退役军人提供全程、全队、全家和全人服务。（图1）

图1　退役军人实务服务理念

"全程"是指为退役军人提供退役就业、转业创业、临终养老等全程关怀；"全队"是指整合多方主体优势，构成全队力量为退役军人提供资源链接、政策咨询和直接介入等服务；"全家"是指为退役军人及其家属提供情绪疏导、心理减压和社会交往等服务；"全人"是指以人为本为退役军人提供多方面的有效服务。

阿尔德弗尔的生存、相互关系、成长三核心需要理论（简称"ERG 理论"）把人的需要分为三类：生存的需要、关系的需要和成长的需要。生存的需要关系到人的机体的存在或生存，包括衣、食、住、行等基本物质需要；关系的需要是指发展人际关系的需要；成长的需要是个人自我发展和自我完善的需要。欣诚以阿尔德弗尔的 ERG 理论为参考，注重本土化和在地化转化，围绕退役军人生活保障、关系建立及社会化发展等需要，并结合"四全"服务原则，将普适性服务与个性化服务有机结合并相互补充，形成了以普适性个案管理为基础、个性化专业支持为补充的"1+3"服务模式（图2）。

图 2　退役军人实务服务模式

服务举措

欣诚一直秉持"用生命影响生命"和"助人自助"的社工理念，始终将服务对象的需求放在第一位，用心投入为服务对象提供服务，建构起以分类建档评估为基础，以凝聚资源合力、拓宽支持网络和优势视角切入三方面为核心举措的"1+3"服务模式。

一、分类建档评估，完善以动态个案管理为基础的普适性服务

欣诚建立退役军人"一人一档"、进行精细化运行管理是社会工作服务得以顺利开展的前提和基础，通过普适性服务积累的数据并预估，为个性化服务提供信息支持，实现以需求为导向的个性化服务。

欣诚社工通过走访调研以及信息采集，了解退役军人需求，针对不同需求设计有针对性的服务方案，将信息进行加工处理制作成个人档案，建立起退役军人档案库，做到一户一档一策，完善了基层退役军人服务保障体系。

在建档的同时，社工依据"四全"服务原则为退役军人提供全程服务。服务前期通过对信息的分析处理，对退役军人进行需求评估及风险预估，判断其是否需要相关服务或个案介入；服务过程中根据服务对象的动态信息对档案进行动态管理，确保能够快速准确地找到有效信息；服务结束后，将相关的服务记录进行整理归档，做好相关服务总结，积累服务经验，为之后退役军人个案管理的标准化提供方便。

二、凝聚资源合力，提供保障基本生活需求的个性化服务

在接待与服务中，总会遇到诸多问题，有些问题虽小，却也都是关系着退役军

人学习、工作、生活的基础性问题，退役军人的需求往往是复杂多样的，单靠社工团队的力量难以全面持续地帮助服务对象应对危机。为了改善该状况，欣诚社工积极发挥资源链接者的作用，为退役军人提供间接服务。通过走访困难退役军人，梳理出服务需求清单，以需求清单为抓手，链接社会资源并进行"微心愿"征集，完成了高龄军烈家属及退役军人的"爱心扶手""家居微改造""药物快送"等心愿，引导社会力量共同参与到对退役军人的关怀中，帮助退役军人实现心愿，保障基本生活需要。

除了各方力量的广泛参与外，欣诚还构建了有梯队、有重点的不同层级的资源体系。依据"四全"服务原则，欣诚以太仓市退役军人事务局搭建的"社区—乡镇—市级"退役军人服务网络为基础，结合机构自身项目优势，通过社区、乡镇以及市级项目的服务网络和资源，撬动多元力量，形成"全队"合力，为退役军人提供精准帮扶，形成社会力量和社会资源的服务大联动，为退役军人织密兜底防护网络，帮助困难退役军人快速链接资源，缓解困境。

三、拓宽参与路径，提供提升社会参与融入的个性化服务

不少退役军人退役或转业后都面临融入困难的问题，由于社会环境的转变，导致原有关系也发生变化，因此常常存在与人相处难、找工作难等一系列问题。针对退役军人社会融入难的问题，欣诚社工运用社会工作专业方法，为其提供服务，助力其实现再社会化。针对退役军人的再社会化，欣诚主要从以下三个方面入手：

（一）角色转变

针对角色转变困境，欣诚社工一方面举行返乡欢迎会，通过"以老带新"的形式帮助新返乡退役军人迅速融入集体，积累角色转变经验。另一方面，开设适应性培训课堂，通过专业的适应性训练，让退役军人能够在较短时间内快速完成身份转变，提早适应社会，融入朋辈群体。

（二）就业创业

针对就业创业困境，社工一方面开展专题招聘会，摸底调查退役军人就业创业需求，制定就业帮扶岗位清单，推动退役军人与用人单位有效精准对接。另一方面，通过多方合力开发适合退役军人的岗位，并且通过新媒体进行传播推送，帮助退役军人拓宽自身就业渠道，为下岗、失业退役军人就业创业搭建更多平台，协助做到当年退役的自主就业士兵第一次就业成功比例达100%。

（三）社会参与

针对社会参与困境，一方面，社工结合社区文化教育，利用人生回顾等方法挖掘退役军人故事，通过故事集和宣传片等形式让大众了解退役军人群体，营造拥军优属的社区氛围，为退役军人融入社区打造环境基础。另一方面，结合节日开展主题性融入活动，通过与社区居民共建共乐帮助退役军人走出家门，拓宽社会支持网络。

依据"四全"服务原则，欣诚以推动参与为主要手段，注重为退役军人提供"全程"关怀，帮助退役军人解决退役后人生历程中遇到的各种社会融入问题，同时也集合"全队"优势为退役军人提供"全人"服务，通过资源整合再利用以及合理匹配去解决退役军人就业难的问题，通过社区、社群互动达到了资源利用最大化，促进了退役军人社区参与和社群融入。

四、切入优势视角，提供促进个人成长发展的个性化服务

随着服务的不断深入，社工发现退役军人的需求也在不断地改变，因此，社工从原来的物质层面到人际关系层面再到现在的个人成长层面，根据退役军人的需求和自身特点开展了三个方面的行动：

（一）深化党建教育

社工积极开展退役军人党建工作，打造特色党建品牌。通过宣传教育活动，提升退役军人党员的归属感和责任感；通过特色党建活动，创新党建活动的内容和模式；通过党内帮扶互助，解决部分困难退役军人的生活问题。

（二）强化学习能力

随着服务的深入，社工发现退役军人的学习需求逐渐趋向于个性化和持续化，因此社工根据其兴趣和特点开设了个性化培训课堂。此外，社工还积极搭建学校与退役军人之间的桥梁，协助退役军人进行学校报名并在入学后持续跟踪，解决他们的校园再适应问题。

（三）发挥典型力量

依据资产为本的社区发展模式，退役军人的发展更应该着眼于他们本身具有的优势，欣诚通过引导退役军人发挥自身的优势，联合退役军人服务站共同打造军民融合的志愿服务品牌——绿军装志愿团队。通过绿军装志愿团队组织开展慰问活动、联欢活动和志愿服务活动等，探索党建引领下，以社会组织孵化为主、退役军人参与式服务模式，推动退役军人助人自助，为退役军人提供更高效贴心的服务。

根据"四全"服务原则，欣诚转变思维，将视角落到退役军人个人角度，将"问题视角"转变为"优势视角"，把问题的关注点放在退役军人的心理发展和个人成长等方面，充分重视他们自身所具有的独特优势和潜能，为其赋能，挖掘社会资源，寻求社会关爱，以优势视角看待退役军人，推动退役军人服务工作。

服务成效

一、健全完善档案制度，打造个案管理服务库

结合示范型服务站创建工作要求，社工建立健全了一套规范化、常态化的工作机制，采集到精准、安全、可靠的信息数据，完善了退役军人档案，共为5529位退役军人建立了"一人一档"。通过档案管理，以需求为导向，为退役军人提供一站

式服务。同时，梳理服务亮点，凸显服务特色品牌，宣传品牌服务，为太仓退役军人社会工作行业提供经验支持，以"太仓模式"去推动整个双拥社会工作的发展。

二、"1+N"服务撬动，链接资源拓展成效

创新实行"1+N"团队服务形式（即 1 名专业社工+N 名志愿服务者/团体），专业社工负责统筹服务，通过资源链接扩展社会资源渠道，与太仓 22 家志愿服务团体达成合作，年均培养 50 名志愿服务队伍骨干成员。通过"1+N"团队服务形式的拓展，欣诚实现了"1+N"专业与志愿服务的有机结合、力量与资源的最大整合、服务与发展的深度融合，完善了"社区—乡镇—市级"的退役军人服务网络，助力退役军人服务持续性发展。

三、打造社会支持网络，营造拥军优属氛围

欣诚社工结合节假日开展主题活动，服务覆盖退役军人 5926 人次，搭建了退役军人之间、退役军人与居民之间的沟通桥梁，加强了民众对退役军人的了解和关爱，营造了拥军的社会氛围。活动的开展，一方面帮助退役军人真正实现了走出家门、走进社区、走入社会，搭建了退役军人的社会支持网络，提高了退役军人的社会融入感；另一方面有助于退役军人的相关政策落到实处，有效提升退役军人的认同感和归属感，巩固退役军人的社会地位。

四、重视优势视角切入，鼓励引导作用发挥

欣诚注重发掘退役军人优势，从退役军人的优势出发，搭建退役军人作用发挥的平台，为社会提供专业化的志愿服务。社工通过采用非结构式访谈的方法，引导退役老兵讲述部队中的故事，整理形成退役军人故事集，邀请退役军人进行社区宣讲，在提升其社会参与度的同时提升其自身价值感；通过组织绿军装志愿者开展志愿服务和公益活动，上报评选最美退役军人，真正帮助退役军人自我发现、自我表现与自我实现，提升退役军人的社会认可度、归属感和荣誉感。

专业融入，探索助残社工新路径

孙冲冲

服务背景

根据我国第七次人口普查，残疾人总数为8500多万，是世界上残疾人口最多的国家。残疾人主要表现为生理、心理、智力等方面的偏失，同时，面临着社会参与度低、自卑、不自信等问题，而社会支持的应用和现有力量的不足，让残疾人无法获得充分的关注及支持。

太仓市在推进残疾人托养服务业健康发展的同时，出台了《太仓市"残疾人之家"建设实施方案（试行）》《太仓市促进精神障碍社区康复服务发展实施办法》，在全市范围内建立"残疾人之家"、康复驿站，吸纳辅助性就业残疾人和社区康复残疾人，全力推动残疾人事业高质量发展。在政策保障的前提下，社会组织介入残疾人托养服务，运用他们自身的专业优势，为残疾人提供多层次、多元化的托养服务，完善残疾人托养服务模式，丰富残疾人托养服务内容。

太仓市浩蓝社工服务中心（以下简称"浩蓝社工"）承接了太仓市娄东街道、城厢镇和双凤镇等七家"残疾人之家"和两家康复驿站的日常运营，通过发掘服务对象的内在潜力，整合专业资源，为残疾人提供认知辅导和就业支持等服务，加强社区互助，改善残疾人生存发展环境，减轻其家庭成员的生活压力和照料负担。

服务理念

浩蓝社工坚持"奉献、友爱、互助、进步"的精神，倡导"我参与、我奉献、我幸福、我快乐"的服务理念，用专业的知识、技能服务社会、服务残疾人。坚持以服务对象需求为导向、以服务为根本，摘除有色眼镜，无条件接纳残疾人。运用优势视角理论介入残疾人的实践，形成了有效的残疾人服务机制。运用社会支持理论，把个体与各种社会关系进行有效的链接，整合残疾人的内外环境优势。服务主要通过个案、小组、讲座等形式为残疾人及其家属提供心理辅导和支持，并辅以社区资源链接、转介、知识宣导等方式，提供需求链接服务，同时建立资源服务平台，改善社会环境。

服务举措

在多年的残疾人服务探索中，浩蓝社工通过"医疗+工疗"致力于探索残疾人的服务模式，实行医、护、养一体式服务，使智力、精神、肢体残疾人得到了全方位的关怀和照顾（图1）。目前，每个服务场所都有专业的社工、督导团队、专业医护人员及志愿力量的多方参与。服务集医疗、教育、就业、资源整合于一体，让助残服务更具效能。

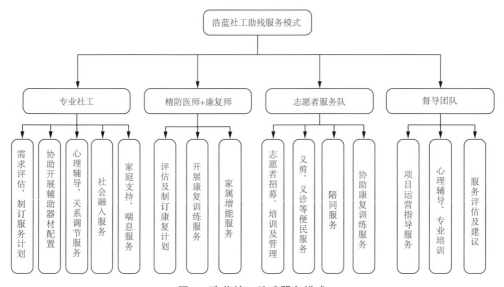

图1 浩蓝社工助残服务模式

一、"教育+康复"——全伸服务

（一）"残而不忧"的心理关怀

多数残疾人服务对象内心比较敏感，伴有不同程度的孤独感、自卑感，自尊心强，若社工过度关心，刻意夸赞迎合对方，或许会无意中伤害到他们敏感脆弱的心灵。在残疾人服务过程中，社工充分了解服务对象的需求，挖掘他们的内在潜能，与他们建立信任及相互依赖的关系，帮助服务对象调整自我认知。

（二）"残而不缺"的增能活动

针对残疾人的不同群体（儿童残疾、青少年残疾、老年人残疾、精神残疾等），组织不同类型的传统节庆活动和主题性互助活动，帮助残疾人及其家属放松身心、增添生活乐趣。在服务残疾人的同时，"残疾人之家"还开设家属课堂，为残疾人家属讲解相关知识，帮助他们掌握照顾残疾人的相关技巧，在此过程中促进残疾人家庭成员之间的相互沟通和支持。通过参加丰富多彩的文娱活动，精神残疾人的观察、学习、模仿、认知等能力有所提升，自信心显著增强。

(三)"有爱无碍"的社区融入

残健共融是残疾人更好地融入社会、自强自立的良好方式。浩蓝社工以"需求"为导向，通过开展"近距离"的残健共融服务，通过"康复驿站"搭建多途径的交流方式，平等相助的文化理念，激发残疾人的参与性和主动性，助推他们更好地融入社区生活中。

二、"就业+康复"——全员服务

(一)"稳中求进"的就业培训

残疾人因身体上的限制，在就业方面面临着巨大的压力，生活来源主要依靠家庭和社会救助。"残疾人之家"对残疾人进行就业培训，让他们可以学习一技之长，通过就业培训，缓解其家庭的生活压力，并且起到康复锻炼的效果，实现自我价值。

(二)"创益增收"的辅助就业

为了不断探索多元主体的辅助性就业模式，大力加强"残疾人之家"建设，浩蓝社工积极拓宽残疾人就业渠道，帮助残疾人实现就业。在"残疾人之家"的精神残障人士实现辅助性就业人数增长到42人，残疾人熟练掌握加工技能，轻松完成工作任务，自主获得劳动收入，在没有压力的情况下，既锻炼了动手能力又增加了日常收入。

三、"训练+康复"——全程服务

(一) 服务团队专业化

通过专业的康复医疗团队，前期制订了康复训练的计划，做好评估监督方案，规范了康复师的服务流程。专业团队为每一位服务对象建立病例档案，包括定期开展精神疾病健康知识宣传教育。

(二) 康复医疗精准化

残障人士的疾病是多种多样的，浩蓝社工联合康复医生，根据不同疾病种类实施生物反馈治疗、心理治疗、冲动行为干预治疗、音乐治疗等个性化治疗，通过个性化治疗，精准回应残障人士的需求。

四、"资源+康复"——全场服务

(一) 内化场域内资源

浩蓝社工充分利用助残志愿服务队和邻里志愿者的力量，为残疾人提供日常生活帮扶，鼓励残疾人走出家门，让残疾人真切感受到社区邻里之间的温暖和关怀，营造互帮互助、邻里守望的社区服务氛围，建立邻里互助网络和残疾人自助互助网络。同时立足残疾人的实际状况，以改善残疾人民生为中心，通过为家属进行心理支持和照护支持，通过"喘息服务"，从残疾人家庭的照护需求出发，以志愿服务的形式，给予重症的残疾人家庭喘息时间，让家属可以得到一定的休息，为更好的陪伴输送养料。

（二）夯实场域外资源

针对康复驿站的特殊精神残疾人服务对象，浩蓝社工以康复驿站和社区卫生服务中心为依托，积极链接外部资源，构建外部专家团队，聘请太仓市专业的精神科医师，为有需求的精神障碍患者提供康复评估、康复训练、心理疏导、康复转介等专业化、规范化的康复服务，提高精神障碍患者的服药管理能力、生活自理能力、社会适应能力。

服务成效

一、建立了"医院+社会组织"的联动服务机制

精神类残疾人相对于其他类型的残疾人，社会功能和社会认知水平更低，出院后的社会融入更加困难。"娄城关爱之家"项目是首次建立在医院内部的残疾人之家，专门为这类人群开展专业服务。医院为精神类残疾人开展精神和身体治疗，治疗情况相对稳定的人员转送到残疾人关爱之家，由专业的社会工作者为其提供后续服务。在服务过程中，浩蓝社工和医生就服务对象的情况进行沟通分析，为他们制订符合他们实际情况的服务介入计划，协助精神类残疾病人接受医疗机构和生活上的双重治疗，打造"医疗+工疗"的新服务方式，实现"医院+社会组织"的联动服务机制。

残疾人在"医疗+工疗"模式的照料和护理下，手脑的协调能力和情绪的稳定性都有了很大的提升。2021年，经浩蓝社工帮扶的精神残疾人完成组装键盘4848个、纸盒373180个、信封装餐巾纸盒218000个、白色圆形边条3540个，创造收入累计达24603元。

二、形成资源整合，构建了残疾人服务新风尚

残疾人之家充分利用配套设施，整合公益资源，通过打造"相邻角"等特色服务，丰富残疾人社区融入的形式，提升残疾人的生活质量。同时，浩蓝社工组建了残疾人丝网花、杯垫等残疾人手工小组，增强了残疾人的动手能力，使残疾人生活更为充实、更有自信。

残疾人之家大大提升了残疾人的获得感和幸福感，帮助残疾人摆脱足不出户的境况，无障碍、近距离地享受到康复、工疗、娱疗、辅助就业、日间托养等系列服务，让很多残疾人找到了自我价值，从自卑中走出来。完善的服务设施、丰富的服务内容、专业的社工，让他们充满了生活的希望，从康复的角度来说，有利于他们的身心健康，同时也减轻了家庭和社会的负担，成为残疾人的第二个"家"。

三、挖掘优势潜能，保障了残疾人的就业渠道

浩蓝社工整合社会资源，寻求多方社会支持网络，深入开展个案工作，以提供

残疾人就业为服务重点，帮助服务对象恢复职业技能和社会功能，有针对性地开展职业技能培训，为具备劳动能力的残疾人以及精神障碍患者提供就业指导和职业介绍服务。浩蓝社工承接苏州市残疾人职业技能培训及就业招聘项目，举办残疾人大型就业招聘，提供了近500个工作岗位。经过系统服务，残障人士的反应能力、动手能力、语言表达能力及沟通协调能力得到了增强，自我能力与价值得到肯定，社会功能得到一定程度的恢复。

做好残疾人社会工作，需结合本地本机构的实际情况，打造服务特色，夯实服务实效。浩蓝社工将继续秉持社会工作服务理念，提升助残服务质量，兼顾普惠性和精准性，体现社会工作的专业性和创新性，打造更多的助残服务项目品牌，着力满足现实需求，提升残疾人满意度、幸福感和获得感，营造更加友好的社会人文环境。

社企联动，助力未来
——太仓市企业社会工作实务探索

唐玉琳

服务背景

随着经济的发展变革，各种商业模式交互催生，我国企业在经济构成、组织架构、利益分配方式等方面均发生了较大转变。然而，经济的发展也伴随着风险的滋生，企业内外的各种关系与问题日趋复杂化，企业职工也面临着劳资矛盾、权益维护和心理压力等诸多问题。企业的良好发展是实现"共同富裕"战略目标的基础。在经济社会发展过程中，政府、企业和企业员工在整体利益上应保持一致。基于此，企业社会工作对于中小企业员工、社区等来说均具有巨大的服务潜能。企业社会工作目前处于起步阶段，它在解决企业中存在的社会矛盾和社会问题、促进企业和谐发展等方面发挥着重要的作用。

太仓市海星之家社会服务发展中心（以下简称"太仓海星"）由韩晓燕、陈利晶、唐玉琳等3人发起，由上海海星之家社工师事务所出资注册成立。机构成立于2016年12月27日，是一家以社会工作专业价值观、理论和技巧服务于社会有需要的人群和社区的3A级公益机构。海星之家坚守规范化管理、项目化运作、参与式创新、高效能产出，2018年获评太仓市最佳志愿服务团队，2019年获评苏州市社会组织等级3A，其"志童道合儿童营志愿服务项目"获评苏州市2018年度十佳志愿服务项目，"礼润童心新时代文明实践项目"2020年度获评太仓市民政局第二届联创优秀项目。

围绕职工福利、增能服务与企业履行社会责任，太仓海星将社工理念与手法嵌入企业，通过企业工会、企业人事以及企业安全生产部门等的通力合作，发现企业潜在的服务需求和需要关注的社会议题，既满足企业员工自我发展的需要，也解决企业中存在的社会问题，践行企业社会责任。

服务理念

"优势视角"注重人们和其环境本身就拥有的优势与资源，在这一视角下，社工注重激发案主内在的潜能优势，运用环境已经提供的资源解决困境与问题。而"赋权"需要社工协助案主向现存的社会结构争取权利，促使社会结构得到改善，让案主过得更好。

在开展企业社会工作服务过程中，太仓海星以企业及其职工、职工子女为服务对象，遵循"优势视角"及"赋权"的服务理念，从服务设计到服务实践，全程发挥企业自身及员工、员工子女的优势，带动企业看到并关注员工的权益，搭建企业社工服务共享平台，通过为企业员工开展职工培训、家庭增能、子女赋能，将个人、组织及社会的价值发挥得更好。

服务举措

太仓海星成立以来，积极谋求与企业合作，探索企业社会工作的发展，力求为太仓市企业社会工作的发展开辟一条新的道路，为企业社工搭建更好的发展平台。在太仓市民政局的牵头下，太仓海星联合多个单位，整合多方力量，将"人文关怀"与企业的文化相结合，分别以个人职业规划、职工家庭融合及企业安全生产为介入路径，将企业工会与人事、企业员工、职工家属等纳入介入范围，打造太仓海星的企业社工服务模式，为企业注入新鲜血液。

一、内外兼修，以 EAP 视角为员工个人发展"赋能"

自 2010 年"富士康跳楼事件"发生后，企业员工的社会压力、职业倦怠、心理调适、生产适应等问题得到全社会的重视。社工作为企业与员工之间的"润滑剂"，在企业员工的成长与发展、个人的危机介入等方面发挥着重要作用。太仓海星通过开展阶段性调研及时了解太仓企业内外存在的需求与问题，运用员工帮助计划（employee assistance program，EAP）模式开展介入服务。

（一）立足内部诉求，推动企业在职员工进行职业规划

太仓海星立足于内部诉求，围绕"个人发展取向模式"，组织企业与专业社工开展跨专业的合作团队，组建"专家+社工+企业志愿者"的队伍，对企业员工进行职业引导，通过职业生涯规划、安全技能培训、职工交友小组、职工心理减压、个案介入等多种服务，持续关注企业职工的就业压力与工作选择，促进员工的自我成长与良好发展。同时，社工积极链接资源，以"社工+救护师资+志愿者"的服务模式为企业职工开展一系列的普及性培训讲座、取证救护员培训、安全生产疏散演练等培训活动，培育职工的自我保护意识，教给职工应对突发性事件的知识和方法，推动企业管理方改善工作环境，健全制度体系，促进职工养成职业安全健康的行为习惯。

（二）聚焦外部责任，引导未来劳动人员实现职业定位

从外在因素出发，太仓海星积极引导企业履行社会责任，关注未来就业者的工作、生活水平，通过"职来职往""以彩绘生涯导航服务计划"等项目，维护未来就业者的权益，优化社企关系。项目链接企业资源，为专业学校学生和待业人员开展职业规划，为学生及待业青年提供青少年培力训练服务。太仓海星依托系列性的服务，立足"个人发展取向模式"要求，为未来劳动人员的职业发展提供服务支持，拓展他们的优势发掘路径。

二、多重守护，以互动成分干预提升职工家庭"抗逆力"

家庭作为企业职工的重要生活系统，影响着职工的工作状态与工作质量，夫妻关系、家庭教育、孩子成长等问题影响职工的个人状态。

基于此，太仓海星从家庭不同的子系统着手，在夫妻关系层面，利用"爱的五种语言"等方法协调夫妻关系；在亲子关系层面，通过亲职教育及暑期班促进儿童成长及亲子沟通；在家庭整体层面，通过开展企业模范家庭评选，增加对职工家庭的关怀与增能。

（一）场景化体验式教育，提升双职工子女的抗逆力

在具体服务层面，太仓海星联合本地德资企业，开展了"志童道合"公益夏令营，以职工家庭作为主要切入点，了解双职工子女的需求，以"生态系统理论"作指引，"抗逆力"作为服务介入的基础，建基"多元智能"及"青少年正面成长"的视角，策划符合当代青少年发展的课程体系，为职工子女开展价值引领类、兴趣培养类、逻辑思维提升类及社会生存能力学习类等课程，帮助职工子女挖掘他们的潜能，提升自信心、抗逆力、沟通能力。

（二）平行性模拟式小组，提升双职工家长的教育能力

太仓海星以互动成分干预技巧为介入的主要方式，通过亲职教育类课程，促进职工子女家庭系统的调节与改善。社工将双职工家庭的家长作为潜在的介入目标群体，了解他们与孩子在沟通与成长方面的需求，剖析现有的教育方法存在的问题以及对孩子的影响，通过小组工作模式等社会工作手法为有需要的家长开展相关的亲子教育类培训、亲子沟通小组、亲子游戏辅导类课程等，打造"亲职教育类"品牌服务。

三、双重视角，依托 ABCX 模型建构良好的劳资关系

劳资关系是生产关系的重要组成部分，劳资关系是否和谐，事关广大职工和企业的切身利益。太仓海星将企业与员工二者的权利与义务作为介入重点，立足矛盾压力事件（A），从个人认知（C）、企业环境及周边资源（B）多个维度介入，积极增进劳资双方的对话，提高企业职工的维权意识，缓解职工压力危机（X），提升企业的形象与纠纷处理意识。

在职工维度，太仓海星的社工一方面提升职工对于企业的认知，联合太仓市新的社会阶层人士联谊会，打造了"职业经理+专业社工"的宣传模式，为新入职人员开展岗前职业培训，逐步提升职工对于不同企业的概况，包括功能设置、人员结构、薪资福利政策以及培训制度等、企业内部的各项规章制度、奖惩条例、企业文化的认识。另一方面，提升职工的维权意识，联动属地工会、普法办开展预防性普法宣传、知识讲座，提升其懂法、守法意识，同时成立企业一对一志愿者联络员队伍和公益律师队伍，使劳资纠纷不出园区就可以得到有效调解，从情、理、法三方面化解矛盾。除此之外，社工还通过开展小组活动，以情景模拟、角色扮演等形式，

帮助组员增权赋能。

在企业的维度，海星之家社工协助企业收集职工需求及建议，修改制定合理的规章制度，规避由不合理的规定所引起的误解和埋怨，减少不必要的争议，维护企业内部工作氛围的安定有序。同时，通过团队建设、主题培训等形式，帮助企业打造具有一定的号召力、凝聚力和向心力的企业文化，引导职工感受到集体的力量，挖掘自身的价值及在集体中的角色，增强员工的集体认同感，调整企业文化氛围，促进企业的文化建设。

服务成效

一、个人层面：搭建员工发展平台，促进成长，增强员工的企业归属感

太仓海星开展企业社工服务，积极将企业的文化与社工的"人文关怀"理念相结合，企业的发展与员工的个人发展相融合，针对企业员工的个人（职业倦怠、心理减压、技能培训）、家庭（子女帮教、夫妻调节、亲职教育）等问题开展全面帮扶和协助成长。通过满足员工的需求、促进员工的成长、提高员工的工作积极性，来激励员工以保障企业的长远发展。

二、家庭层面：减轻生活压力，实现工作与家庭的平衡

太仓海星社工将企业员工的子女作为关怀对象，在子女发展层面运用"服务学习"的理念，通过体验式的课程向留守子女传达有能力、有盼望及抗逆力的讯息，促进来自不同地域、不同家庭的孩子实现文化沟通和交流，拓宽他们的视野，促使其正向成长。在亲子关系层面减轻双职工家庭的生活压力，推动异地子女了解父母以及父母的生活与工作环境，增进子女与父母的双向沟通与交流，营造良好的家庭氛围与适合孩子发展的家庭环境，促进家庭环境的和谐发展。

三、企业层面：构建和谐的企业文化与环境，保障企业长远发展

企业员工归属感与践行企业社会责任为企业的长久发展提供了保障。太仓海星从探索到深耕，4年间的服务投入，促进来太仓务工的企业员工进一步加深了归属感，提高了员工的认可度与凝聚力。此外，也促进企业关注留守儿童的社会问题，践行企业社会责任，荣获德商基金会颁布的 MORE THAN A MARKET 奖项。

四、专业层面：推动社工嵌入企业服务，促进企业社工发展

太仓海星致力于不断探求企业社会工作发展的路径与方式，将企业社工做出榜样力量，为后来者提供可借鉴的服务模式与服务经验。机构以专业的手法为员工谋福利、为企业谋成长、为社会谋发展，在服务开展过程中打造了系列企业社工服务的品牌活动与项目，以供各位同行借鉴，帮助企业与同行伙伴参与到企业社工服务中。

四维赋权和社会复归视角下的禁毒社会工作实践

顾 绒

服务背景

近年来,随着新型合成毒品的泛滥,毒品这一人类社会的毒瘤加快扩散,已严重威胁到世界各国发展。在国际毒潮泛滥的背景下,我国的禁毒工作形势也非常严峻,滥用毒品人数逐年增多,因吸食新型合成毒品引发的自伤自残、抢劫偷盗、伤害他人的恶性案件不断涌现,给正常的社会生活带来了巨大的威胁。禁毒戒毒,事关社会和谐稳定,事关人民幸福安康。如何阻止毒品蔓延、引导戒毒人员进行长效脱毒并协助其再造新人生,成为我国禁毒戒毒工作的主要任务。随着社会工作在我国的发展,社工在社区矫正和安置帮教及禁毒戒毒领域的介入也成效显著。禁毒戒毒社会工作除了对戒毒本身的关注外,更多地转向了对吸毒人员的深层自我重建、家庭关系修复、社会资源整合以及社会融入的推动。

2020年6月,太仓市政府办公室下发了《太仓市禁毒工作三年规划(2020—2022)》,要求全市各部门全面加强基层禁毒队伍建设,推进禁毒社会化工作升级,高标准推进社区戒毒社区康复办公室建设,努力实现领导机构建立健全、专职人员配备齐全、工作机制健全完善、保障措施落实到位的目标,确保社区戒毒社区康复工作制度化、规范化、常态化。

在此背景下,自2020年10月起,太仓市义工联合会连续两年承接禁毒社工服务项目,在太仓市部分民工集宿区及社区广泛开展社区禁毒宣传工作,并对部分涉毒人员及其家庭展开帮扶行动。太仓市义工联合会创新的"社工+义工"双工服务模式,带动社会力量参与,带动服务对象提升法治素养能力,促进循环正向发展。禁毒社工坚持以人为本,通过入户评估,及时了解涉毒人员及其家庭存在的社会问题及个性化需求,并根据服务对象的意愿制订个性化的服务方案,具体问题具体分析,取得了一定的工作成效。

服务理念

太仓市义工联合会成立于2011年8月,目前注册会员已有5000多名,形成了1名红色社工、97名党员义工、300名非党员义工、5000多名志愿者的团队架构。义工联合会秉承"服务社会、传播文明"的服务宗旨,积极倡导"参与、互助、奉献、进步"的义工精神，积极组织开展爱心献血、助学关爱、耆老关怀、司法服务、禁毒帮扶等项目，多次获得"优秀社会组织""优秀志愿者服务团队""社会组织公益先锋志愿服务基地"等荣誉称号。

自2020年承接禁毒项目和司法项目以来，义工联合会的禁毒社工坚持助人自助的价值理念，秉承"公益务实、爱心助人"的原则。项目服务主要从增能视角切入，通过个人、家庭、社区和社会四个层面的有效互动，帮助戒毒人员衍生新的权能，改变其因家庭疏离和社会排斥而产生的无力感，营造更具包容性的社会环境，助力戒毒人员实现社会回归与融入，打造以"服务为导向、实务为根本、价值教育为核心"的综合性禁毒服务体系。

服务举措

禁毒社会工作是一项复杂而系统的工作，吸毒既与个人意志和家庭结构等因素有关，也与社会环境和边缘文化的影响有关，因此，义工联合会承接禁毒社工服务项目后，不仅注重个体增能，从生理和心理层面为服务对象提供康复服务，同时注重环境增能，在家庭回归、社会融入和就业支持等层面也开展综合介入，实现强制隔离戒毒与社区康复、社区戒毒与自愿戒毒间的功能互联。同时，社工将戒毒服务的视角向前延伸，积极开展禁毒宣传活动，通过超前干预和临界干预，将被动服务转为主动发现、主动干预、主动服务。通过全链条式禁毒社会工作服务体系，让戒毒服务成效更具覆盖性和延续性。

一、全流程评估：生理—心理—社会，动态观测戒毒人员需求

在获取戒毒人员的信息之后，义工联合会将对其身心健康、生活环境和现实表现等情况进行全面而持续的了解和综合评价的工作，对戒毒人员的需求进行分类评估及动态观测。

在分类评估层面，义工联合会对于戒毒人员的测评是基于其个性特征、过往经历和生活环境的多维度评估。戒毒人员在戒毒过程中要克服对毒品的成瘾性或依赖性，这种依赖分为生理依赖、心理依赖和社交依赖。社工在进行戒毒人员评估的时候围绕生理、心理、家庭及社会四个维度评估，评估的要素包括戒毒人员的认知、行为、家庭关系、经济状况和社会交往等多个方面，从多个角度去分析与探寻服务对象行为背后潜在的问题根源及现在所面临的困境，对于服务对象问题困境及风险的严重程度进行轻、中、重度分类，并形成个人评估档案。

在动态评估层面，义工联合会将评估的流程贯穿于戒毒康复工作初期的诊断评估、戒断过程中的阶段性评估及社会复归后的跟踪评估，评估伴随整个服务过程，通过持续性地关注介入过程中服务对象的需求及问题的变化曲线，聚焦个体、家庭及社会环境对服务对象社会康复行为的互动影响，及时调整干预策略，巩固服务效果，并为预防复吸梳理出可供识别的诱发因素，以需求为导向，提供差异化、多层

次的戒毒康复服务，从而明确社会复归目标的先后顺序。

二、多路径干预：个案—小组—社区，综合介入戒毒群体困境

在分类评估的基础上，义工联合会社工综合利用社区资源，依托个案工作、小组工作和社区工作等专业方法开展个案辅导、小组互助动力挖掘、社区支持网络构建等专业服务，帮助服务对象整合各类社会资源，协调自我关系，恢复社会功能，走出心理和社会困境，通过专业理念、专业方法和技巧提升禁毒社会工作的专业化水平。

（一）个案层面介入，实现生理、心理及家庭层面的三维康复

社工通过个案的形式对戒毒人员进行干预服务。针对戒毒人员在戒毒过程中所遇到的生理、心理及家庭层面的问题，进行直接和间接干预。一方面，在生理层面协助戒毒人员进行身体检查和生理康复，鼓励其定期服药以维持稳定的状态；另一方面，针对因为吸毒经历而受到排斥的戒毒人员，定时探访，提供心理慰藉，尤其是针对部分心理抑郁的服务对象，通过持续互动关注其心理状态变化，帮助戒毒人员摆脱不良心理和行为。在家庭层面，社工不仅对服务对象个人介入，同时关注其家庭需求，当部分戒毒人员家庭子女因为父母的原因出现不良行为时，社工会及时介入，为其家庭成员进行行为矫正和家庭正向沟通服务。

（二）小组层面介入，推动家庭系统的复归、互助及支持

当家庭中存在吸毒者时，服务对象家庭往往面对着恐慌、失措、绝望等情绪，针对戒毒人员家庭的照护和心理压力疏导，社工会定期组建小组，在小组中引导服务对象家属相互支持鼓励，共同学习戒毒康复的知识方法，提升其帮助服务对象戒毒的信心。同时，在小组当中，社工可以了解家人对社区戒毒人员的期望，并与服务对象沟通，增强他们改进的动力，引导家庭成员分享生活中的问题及应对经验与方法，这也有助于经验的相互传输和应用。

（三）社区工作介入，构建人与社区互动的双向循环共融体系

人在环境中生存，人的认知、行为必定会受到周围社群的影响，不少戒毒者在克服生理和心理的成瘾依赖性后，却因为吸毒后的社会关系断裂，只能维系和有同样吸毒经历的人员的社交关系，最终因为次文化群体的影响复吸。为了给吸毒者构建健康无毒的社区环境，社工联合社区为戒毒人员开展适应性训练和就业服务等，例如帮助戒毒人员搭建小型养鸡场，并设计发放资源清单，把社区中可利用的资源整合推介给戒毒人员，让他们平等地享受到社区的公共资源与服务。同时发动和组织志愿者，在社区中进行宣传与倡导，以缓解社区对吸毒者的偏见与污名化，改善戒毒人员回归社会的整体环境，使社区戒毒者能够在社区中不被歧视排挤从而安心地戒毒，减少复吸的风险。

三、分梯层预防：基层—中层—高层，跨域配合筑牢禁毒防线

为进一步提升辖区群众对毒品危害的认知程度，增强群众的防毒禁毒意识，义

工联合会联合各部门进入学校、社区等多种场域大力开展禁毒宣传工作，提高辖区群众的防毒禁毒意识，营造人人远离毒品的浓厚氛围，有效提升了辖区内禁毒宣传覆盖的广度和深度。

（一）基层预防

建立禁毒知识宣传志愿服务队，主要着眼于家庭、学校、社会，开展多种形式的毒品预防宣传教育活动。在学校区域，针对近几年青少年涉毒案件的现状，太仓市义工联合会在暑期举办了多场青少年毒品预防教育活动，增强青少年的禁毒意识及自觉抵制毒品侵袭的能力，通过学校、家庭、社区等多种途径，统筹打造青少年公共安全教育平台，并在社区的公园、广场等区域广泛开展禁毒宣传教育，增强全民自觉抵制毒品的能力和主动参与禁毒的意识，积极引导全社会树立"健康人生、绿色无毒"理念。

（二）中层预防

针对易涉毒重点人群、高危群体及进行过初次尝试的涉毒人员开展识毒、拒毒教育。社工重点关注失学辍学青少年、社会闲散人员、社区矫正人员等易涉毒群体，有针对性地开展禁毒宣传教育，通过开展"流动课堂"，大力开展面对面的宣传和咨询活动，最大限度地消除禁毒宣传的盲区和死角，隔离易涉毒重点人群的毒品诱惑，不让任何一名高危人员因为不知道毒品的危害及如何有效防范毒品而走上涉毒之路。

（三）高层干预

义工联合会积极总结梳理禁毒工作中存在的问题和取得的有益经验，积极探索创新，及时提炼服务模式和方法，从政策方面提出有关禁毒工作的倡导，积极推动解决制约禁毒工作发展的体制性、机制性难题。

四、跨队伍行动：义工—慈善—社工，多元联动构建支持网络

禁毒社会工作服务无论对戒毒个体、家庭还是社区来说，都是一个系统工程，只有以系统治理的视角从不同层面和角度来提供专业的服务，才能发挥其专业效能。义工联合会社工在禁毒社会工作服务中有效地搭建了社区禁毒服务平台，组织社会禁毒志愿者力量，动员社会慈善资源，实现禁毒工作的协同治理和全民参与，构建禁毒社会工作的共建共治格局。

（一）以社工为支撑，推进禁毒社会工作专业化进程

作为一支专业化的助人队伍，社工落实吸毒人员关怀救助工作，深入排查生活困难吸毒人员家庭，摸清困难原因、程度及现状，制订个性化关怀帮扶方案，利用政社互动、政企联动的方式，发动广大社会力量，通过推进职业培训、就业扶持、社会保障、救助服务等措施，健全完善帮扶长效机制，帮助吸毒人员及家庭解决实际困难，脱毒康复回归社会。

（二）以志愿者为辅助，壮大基层禁毒工作队伍力量

义工联合会在禁毒社会工作服务中，充分发挥志愿者培育和联动的优势，积极构建"社工+志愿者"的服务模式，不仅将志愿者运用于禁毒宣传活动中，在戒毒人员的困境帮扶方面，同样发挥志愿者的人力优势，根据服务对象、服务内容、服务时间等要求恰当分配志愿服务资源，为戒毒人员提供定期的心理慰藉、照护帮扶及就业辅助等服务。

（三）以社会慈善资源为补充，拓展禁毒社会工作服务资源

义工联合会依托社会捐助等社会公益慈善资源支持，开展戒毒人员困境帮扶，有效弥补资源不足的困境。社工积极联系爱心企业，为由于吸毒经历而备受歧视无法找到就业机会的戒毒人员提供试岗和就业机会。针对戒毒人员家庭的微心愿，社工积极整合社会资源，为其提供相关支持，并激励社会慈善力量积极参与和支持禁毒社会工作服务。

服务成效

一、服务对象层面：从自我放弃到自立自强

戒毒者因为吸毒的经历和戒毒的痛苦会逐步建立自我排斥机制，处于"失权"状态。项目自实施以来，社工运用增能视角积极引导戒毒者建构掌控个人生活的能力，利用动机晤谈与认知行为治疗，实现"生理—心理—社会"全面康复。同时，通过与服务对象家属的沟通联系，积极传授家庭戒毒后续照管的方法和技巧，帮助家属转变理念，共同修复亲情关系，帮助和支持自己的亲人戒毒康复，服务对象的家庭也对义工联合会的帮扶工作表示满意。此外，义工联合会还积极联系相关单位，为服务对象提供就业指导，协助其解决就业问题。在这个过程中，部分戒毒人员走出困境后成为义工联合会的帮扶骨干，多次参与义工联合会的志愿帮扶活动，并依托自己的工厂为因吸毒经历受到企业排斥的戒毒人员提供就业机会。

二、社会影响层面：从社区排斥到共融互助

随着禁毒形势和理念发展的改变，禁毒社工扮演的角色越来越重要。社会上许多戒毒人员因为担心被歧视，害怕被贴标签，内心会对外人有所芥蒂，所以他们渴望禁毒社工的帮助。义工联合会禁毒社工在协助戒毒人员身心康复及重构家庭关系的同时，也通过提升服务对象的社会适应能力及引导社群去标签化等方法，整合政府和社会资源，组织其他专业力量和志愿者为服务对象及其家属提供相关服务，通过生活帮扶、就业支持、法律援助、公益活动等形式协助戒毒人员解决生活困难，在提升其生存发展能力的同时，为其构建共融互助的社区环境，让戒毒人员回归社会的信心不断增强。

三、专业层面的影响：从抓管为主到社会回归

在服务过程中，义工联合会的禁毒社工增强了专业领域的服务水平，将禁毒的介入干预方法从抓管为主转为社会回归，在个案、小组和社区工作方法的基础上，整合心理康复治疗、社会适应训练、就业指导等心理学、社会学、法学等多学科服务方法，精准帮扶，引导涉毒人员远离毒友圈，减少甚至杜绝了其复吸行为。社工积极引导戒毒人员加入禁毒志愿者服务队伍，争当禁毒知识宣传员，开展社会面禁毒宣传工作，为涉毒人员及其家属讲解毒品危害，宣传政策法律，逐步建立社会化、人性化、柔性与刚性相结合的综合帮扶机制。

戒毒人员的社会复归是一个漫长的过程，服务对象生理、心理及社交中对于毒品的依赖性和成瘾性都导致禁毒社会工作相较于其他社会工作来说，更需要持续性的深入介入，社工立足人群特点，探索了专业社会工作与禁毒工作相结合的有效路径，促进社会工作和禁毒工作融合发展，打造禁毒领域社会工作特色品牌和先进典型。

法护娄城,政社携手前行
——太仓市司法矫正社会工作实务探索

殷 悦

服务背景

近年来,随着社会工作职业化、专业化程度不断提升,社会工作价值理念和实务方法引入基层司法行政,为推进基层司法行政社会管理职能创新提供了新的动力。但我国司法社工行业发展具有浓厚的行政色彩,有时难以形成专业、有效的服务供给,因此,建立一支高效率的司法社工团队并探索社会力量参与司法领域的多元方式是大力推进政府购买司法社会服务的前提,更是发挥社区司法力量的关键。

目前,太仓市政府就深化全市社会组织参与司法行政领域工作创新创业提出了新的实施办法,希冀形成与全市司法行政发展要求相匹配、与人民群众多样化法治需求相适应的社会组织协同发展格局。太仓市娄东街道娄新法治服务社积极开展行动,围绕社区矫正及普法宣传工作,从"预防"和"治理"两个层面开展工作,链接多方资源,丰富教育形式,提升矫正工作和普法宣传工作的多样性,多方位引导社区矫正对象融入社会、回馈社会,提升全社会的法律意识。

服务理念

太仓市娄东街道娄新法治服务社遵循"以人为本、助人自助"的工作宗旨,运用社会工作理念和方法,为太仓市辖区的社区服刑人员、帮教期内的刑满释放人员提供专业化帮教服务,引导服务对象形成统合自主性的发展导向。其中,"统合"是指引导服务对象主体融入关系网络,去除外界给予的矫正人员的"标签",引导社会对于矫正人员进行帮扶,帮助其获得合法性的身份;而自主性则注重帮助服务对象主体提升自己的能力,使服务对象的法治意识和道德观念有所增强,心理状态和行为习惯有所改变,家庭关系和社会支持系统得到修复,从而增强其社会适应能力,使其顺利融入社会。

司法社会工作的理论资源来源于三个方面:刑事司法理论中的基本观点、社会工作中的理论范式及传统文化中的本土基因。娄新法治服务社基于"预防"和"治理"两个层面开展司法社会工作。"预防"以专题普法宣传教育为主,结合当下八五普法工作的全面开展,以社区为平台,分层分类,树立品牌,实施精准化普法。"治理"

围绕社区矫正对象开展，通过研究和探索，发展更具有特色性的社区矫正项目和更具有研究价值的社区矫正数据调研，特别是在专业引领下对认知矫治、行为矫治、人格矫治等方向进行深入探索，用客观数据反映真实结果，增加项目的可推广性。

服务举措

自2019年起，太仓市娄东街道娄新法治服务社开始承接社区矫正类服务项目，从传统社区矫正模式"集中教育+劳动教育"中寻找更为人性化、更利于社区矫正对象接受的服务形式，立足"风险—需要—回应性"三大原则和犯因性八大要素统筹服务方案，通过有效的风险评估、对矫正对象犯因性需要的积极介入，及对矫正对象个别化的性格、动机、能力、学习方式、性别和文化等要素的精准回应，提供整合式的专业化服务，并汇聚党政部门、社会组织、公众参与等各方力量，构建"党政统筹+社工协调+公众参与+社会融合"的司法社会工作服务机制，协助社区矫正对象更好地回归社会，促进社会融合。

一、动态评估，构建"基线测量+循证研究"的常态跟踪机制

针对全太仓市的社区矫正对象，以基线测量为方法，社工对矫正对象进行半年一次的心理健康问题排查：① 社区矫正风险评估测评表；② 症状自评量表（SCL-90）；③ 明尼苏达多相人格测验；④ 家庭环境量表（FES）；⑤ 生活满意度指数A量表（LSIA）；⑥ 认罪态度评估样表。通过专业的心理及环境等测评量表对矫正对象的心理状况及社会适应情况进行动态评估，了解他们的问题及需求的变化趋势，将矫正措施和矫正对象的风险水平相结合，为高风险对象匹配较为密集的矫正服务，为低风险对象匹配预防及发展性服务，并通过循证研究的方式，对一些违法行为有反复的服务对象进行调查，了解他们违法行为的触发节点及关键影响因素，从而及时地介入。为避免部分社区矫正对象隐瞒自身真实情况，娄新法治服务社一个季度会到一个镇级司法所进行心理健康方面的讲座，帮助社区矫正对象进行自我排查和自我修复，在发现自身问题的同时寻找到专业的心理专家进行深入沟通和分析。

社工以需求评估结果为基础，形成系统、专业的服务介入方案。将社区矫正各环节的措施做实做细，让服务对象不断深化和稳定矫正的效果。矫正初期，服务对象既有面对社区生活环境多样化的迷茫，又有重新生活的欣喜。矫正中期，既会在个人能力建设和提升中获得成就感，又会面对因为身份和过往经历带来的社会标签和冲突。矫正后期，在帮扶就业支持后逐渐找回自我，依然会因为不适应工作岗位的要求而产生抵触和排斥心理，这三个不同时期均需要社工持续进行跟踪服务。

二、专业介入，形成"认知+品德+技能"的创新矫正模式

（一）以法正心——"线上普法+线下体验"宣传新路径

针对社区矫正对象大多法律意识薄弱的情况，社工采取寓教于乐、形式灵活多

样的教育活动，定期邀请司法部门人员、律师录制线上普法视频，普及相关的法律知识，鼓励社区矫正对象掌握常用的法律法规知识。启动新媒体普法矩阵，以看图学法的形式整合违法违规行为和案例，发动各普法成员单位利用线上渠道，广泛转发、推送普法信息。

开展模拟体验式教育。社工组织社区矫正对象体验酒驾、吸毒后的不良感受。在体验式教育中，矫正对象通过头戴式VR设备和手柄进行沉浸式人机交互演练，感受酒后驾驶、吸毒后所产生的视觉不清、反应迟钝、思维混乱等问题。通过模拟体验的矫正形式，让矫正对象充分认识到醉酒驾车的严重危害性，对醉驾、酒驾等违法行为形成更加深刻的认识，增强了预防重复犯罪的意识。

（二）以德育心——"红色文化+传统文化"教育新模式

社工将党建引领的优势运用在社区矫正工作之中，以庆祝建党百年为契机，围绕"颂建党百年、做时代新人"组织开展红色主题之旅。活动包含了参观图书馆——百年党史、参观太仓第一个党支部纪念馆、《学党史 强信念 跟党走》讲座、百年党史读本朗诵、庆党百年立体画制作等。通过一系列的红色教育，社区矫正对象感受到先辈的无私奉献精神，明晓自身的不足，打从心底深处悔罪认罚。

同时，社工将传统文化节日与每月的特色教育内容相结合，选取当月的传统节日，开展国学经典学习及非物质文化遗产学习，通过带领社区矫正对象"重回"古代，模仿节日的风俗习惯，朗诵古人的肺腑诗词，铭记节日的初衷，牢记祖先的传承，促进社区矫正对象的思想转化，提升其人文素养，正面引导其汲取、培育和传承良好家风。在这个过程中帮助社区矫正对象从固有的、严肃的社区矫正教育过渡到人性化、有趣味性的活动中去，间接地提升他们的生活追求，增强他们回归社会的心愿。

（三）以技扶心——"向前+向后+向外"三个延伸

通过就业技能辅导，为矫正对象做"向前"的就业辅导。对社区矫正对象进行职业规划指导，同时从自我认知、人岗匹配等方面进行培训辅导，在促进矫正对象做好职业规划的同时，提升其职业技能水平，帮助他们重塑生活信心，尽快地融入社会。

针对已就业人员做"向后"的就业适应支持。针对一些矫正对象不适应就业工作岗位、思想情绪波动大等情况，娄新法治服务社运用社会工作的"个案工作法"，通过深入交流沟通和问题诊断，为服务对象、企业、社区三方提出协调改进的建议。

同时以兴趣培养的方式帮助矫正对象"向外"搭建同伴互助网络。社工通过在社区开展手工烘焙、毛线编织、手工刺绣等兴趣类培训，一方面增加矫正对象的兴趣活动，另一方面提高他们的同伴支持，搭建互助类的支持网络。

三、双向修复，推动矫正对象与"受害人、家庭、社会"的关系疗愈

从矫正对象调查情况看，"受害人不和解、家庭不谅解、社会不理解"是他们

最为担忧与烦恼的问题。从服务对象的维度，社工一方面引导矫正对象反思不当的做法，通过与受害人积极的沟通，表达自己的歉意，寻求对方的和解。另一方面，重点针对未成年及女性社区矫正对象等个案，通过"心理谈话+家庭助力"双管齐下的方式，多方面共同助力帮助他们走出心理及关系的困境。而为了促进矫正对象的社会融入，社工组织社区矫正对象成为志愿者，参与社区清洁志愿服务、残疾人之家志愿服务，提供交流沟通的机会，在帮助他人的过程中，矫正对象收获了来自第三方的正面反馈，提升了他们的获得感，在"做好事"的过程中重新认识自己，产生自信心和自豪感，也让周围群众产生对矫正对象的好感。

同时，社工将矫正对象的改变与成长及时反馈给家庭，让家庭了解矫正对象的表现，对矫正对象的想法有所转变并给予谅解，接纳矫正对象回归正常的家庭生活。从社会支持的维度，社工通过宣传和引导，减少社会上对矫正对象"贴标签"现象的发生，并积极链接社会爱心力量，为矫正对象提供帮扶，增强社会对于矫正对象的接纳，便于矫正对象融入社会生活。

四、社会预防，建立"普法宣传+法律咨询"的全域防护网络

社工通过开展不同形式的普法宣传，提高群众的法律意识，包括宣传栏普法、社区讲座、大型宣传活动等形式，有效地进行普法宣传。社工每月会在社区宣传栏进行法治知识的普及，并且在社区内开展不同形式的普法活动，以专题讲座、普法知识竞赛、大型普法宣传等形式构建法治宣传阵地。同时通过现场宣法的方式，在陆渡某小学实施"法润童心　护航成长"公益创投项目，共辐射1662名青少年。社工积极开展"宪法第一课"活动，向每位学生发放印有宪法基本知识的课程表；组织"法治小报评比"及"以案释法"典型案例展示活动；建设"宪法长廊"阵地；开展争当普法小先锋活动，加强法律宣传指引，提高孩子们的法治意识，鼓励孩子们向家人普法。内容丰富、形式多样的活动有效提升了孩子们尊法、学法、守法的积极性与自觉性。

而针对一些权益受到侵害的居民，社工链接通过基层司法资源，引导法律服务工作者与困难对象结对帮扶，从而保障受援对象的法律权益。

服务成效

一、社区矫正对象：激发潜能、正向成长

丰富的活动内容和活动形式增加了社区矫正服务的多样性，提升了社区矫正对象学习和矫正的热情和参与度，潜移默化间帮助他们了解侵害他人行为的错误性，改变他们有偏差的价值取向。社工更通过集中教育和小组活动，在激发矫正人员潜能的同时，帮助其了解终身成长的重要性，自发地去寻求改变和突破，通过自身的力量结合外部系统的支持，做到社会关系的修复。

二、社区资源链接：多元参与、政社互动

在服务过程中，社工通过连接司法所、爱心企业、社区志愿者等不同方面的资源，从司法部门到社区社会组织，联动不同的部门，融合不同的参与资源，形成"党政统筹+社工协调+公众参与+社会融合"的司法社会工作服务机制，通过动员多元主体参与，建立社区矫正多元社会力量支持体系。

三、社会稳定维系：预防宣传、惠及全民

在开展常规社区矫正工作的同时，社工围绕妇女、残疾人、老年人、进城务工人员、未成年人等特殊群体的特点，开展精准法治宣传教育活动。根据人群的特性，采取不同形式的宣传方法，提升宣传力度，加大宣传辐射面，真正地做到让法治精神深入人心，让公平正义普惠人民。同时将社区矫正对象培养成法治宣传志愿者，用法治力量帮助身边的人，扩大法治宣传的覆盖范围和影响力。

四、司法领域发展：分层分类、法润娄城

娄新法治服务社已经在法治宣传和社区矫正方向迈出了第一步，以服务对象需求为导向，根据特定项目的要求和工作对象的需求，提供专业化和个性化的司法社会工作服务，打造司法矫治品牌；以规范化建设为指引，根据活动经验，总结活动框架，提炼活动精髓，规范组织机构运作，夯实业务基础，为更多的社会组织参与司法矫正和预防工作树立了机构标杆，引领司法社会工作的推广和普及。

社工同行，让慈善救助社会工作从心开始

吕莎莎

服务背景

2019年2月，民政部组建了慈善事业促进和社会工作司，充分整合慈善社会工作的有关职能，进一步加强社会工作力量。全国慈善社工系统全面贯彻习近平总书记关于民生民政、慈善事业、志愿服务、社会工作的重要指示精神，以加强制度和队伍建设为主线，集结更广泛、专业的社会力量深入推进民政"三基"服务。围绕慈善事业，民政局重点培育发展现代慈善组织、慈善行业组织和枢纽型组织，引导与鼓励有意愿、有能力的企业和社会群体投身慈善，回报社会。

在此背景下，太仓市积极完善慈善社会工作服务体系，将慈善力量引入社会救助服务系统，开展包括低保家庭、残疾人、困境儿童等困难群体全覆盖的保障服务。在慈善社会工作中，太仓市老伙伴社会工作服务发展中心（以下简称"太仓老伙伴"）充分发挥社工力量的优势，积极作为，通过多年的不断摸索，聚焦困难群体需求，引入慈善力量编织关爱服务网络，扩大关爱服务影响，创特色助力成长，在专业服务上出新意，在设计推广上谋创新，大力提升慈善正能量，不仅促进了社会资源与服务对象需求的精准对接，还使扶贫济困慈善爱心传递更加高效便捷。

服务理念

太仓老伙伴秉承聚合、创新、改善、分享的服务理念，以"我健康、我快乐"为核心价值，有针对性地满足不同服务对象多样化、深层次的发展需求，帮助服务对象树立自信心，更好地融入社会，促进社会和谐。

在慈善社会工作服务中，太仓老伙伴社工秉承增强权能和系统理念，聚焦于激发服务对象的内在潜能，由内而外地促使服务对象正向发展，包括服务对象维护自身权益的能力和解决问题的能力。社工从理解个人在家庭、团体、组织及社区中的社会生活功能，从生活环境的不同层次系统之间的关联之处入手开展服务。不论服务对象的需求表现在哪个层面上，其背后都与各个系统之间有着密切的联系。太仓老伙伴希望通过社会工作专业的服务理念和实务操作方法，使服务对象身体更健康、心情更快乐，从个人到家庭，从家庭到社会，以点带面，满足社会需求，助力社会可持续发展，促进"幸福和谐"的社会发展。

服务举措

慈善社会工作聚焦建档立卡贫困户，通过动员慈善力量参与，提高脱贫攻坚的精准度，推动整个社会的良好发展。太仓老伙伴运用"政府主导+部门协同+社会参与+多方关怀"的工作模式，以政府为统筹协同，聚合多部门力量，以资源协调为重点，打造共助共建平台，创建"专业慈善+民间慈善+差序慈善"相结合的社会慈善救助整合性模式，围绕个人成长、公益扶持和关系建立等维度建立健全社会救助全覆盖与精准化并举的慈善救助服务体系。

一、以信息数据中心为基础，以"个体需求"为点，落实精准化专业救助模式

太仓老伙伴落实专业救助模式，形成服务细"点"，从专业服务方法出发，聚焦救助的精细化，建立社会救助服务对象信息资料中心，完善"一户一档一策"。社工积极开展调研、分析和评估，摸底服务对象详细情况及造成困境的具体原因，进行分类登记入册，将在档的低保、低保边缘对象分为一、二、三类，并根据不同类别制订相应的帮扶对策和帮扶工作计划，实现一家一本台账、一个脱贫计划和一套帮扶措施。

根据家庭困难情况不同，社工从精准需求评估、精准实施方案、精准资源对接、精准成效评价等方面深入完善特困人群救助工作，探索分层分类的社会救助服务认定标准。项目注重从服务对象的需求出发，引入督导力量及社会组织资源，在服务方案的设计及落地上围绕困境人群社会化成长的生理、心理、情绪、社会支持四个方面提供困境人群慈善帮扶，真正实现了服务层面的多维度助力。

以困境儿童慈善帮扶为例，太仓老伙伴通过常态化走访的方式，动态评估困境儿童的需求，并提供专业化、精准化、多样化、可持续的服务，让困境儿童的服务有品牌、有亮点、有成效。

第一，纾困解难。太仓老伙伴社工运用个案服务技巧，使用结构式家庭治疗模式、优势视角、同辈群体正向影响等专业方法，结合心理减压疗法、游戏治疗等多种形式开展家庭监护支持服务，建立困境儿童反馈机制，重点关注成长过程中的突发问题，做到及时反馈、有效干预。

第二，赋能成长。太仓老伙伴社工通过开展以"校园防欺凌"为主题的成长性小组服务，增强困境儿童的法治意识，提高困境儿童在校的安全防范和自我保护能力，引导困境儿童理性对待并及时化解同学之间发生的矛盾与纠纷，避免校园欺凌现象的发生。

第三，红色教育。根据儿童及青少年心理发展和社会化发展的需求，太仓老伙伴社工以红色教育为切入点，通过参观爱国教育基地、历史纪念馆等场所培养儿童的社会主义核心价值观，激发他们"学党史、感党恩、跟党走"的热情。

二、以公益支持中心为枢纽，以"关系培育"为线，打造多层次差序慈善网络

基于"人情社会"的本土优势，为了增进困境人群的持续支持力量，太仓老伙伴社工积极培育社区内的公益互助力量，以邻里互助、邻里互帮、邻里共建等多种形式的服务手法，进一步建构邻里关系，打造有爱有温度的睦邻空间，形成长效互助机制。同时，充分整合政府部门、企事业单位人员的力量，建立帮扶联盟，将外界的公益支持与社区的友爱互助相结合，通过推动居民间互助关系的建立，激活关系本位的"差序慈善"，形成服务贯"线"，保障慈善救助网络的横向融合，构建从个人、邻里、社区、社会维度出发的互助与支持网络，增强各维度的可持续发展能力。

以青少年群体为例，太仓老伙伴社工依托慈善总会（基金会）"爱心书屋"为载体，在困境儿童内部成立一支10人的小小图书管理员队伍，定期在"爱心书屋"整理图书并开展"有书'童'享"活动，并且邀请困境儿童录制有声读物，通过二维码进行宣传，进一步拓展项目的影响力和宣传面。"爱心书屋"为困境儿童提供了志愿服务的平台，同时改善了困境儿童家庭的学习环境，有效提升了困境儿童阅读的广度和深度，丰富了困境儿童的书香生活。

三、以资源配置中心为平台，以"资源整合"为面，统筹整合式民间慈善架构

社会慈善救助工作是一项综合性系统工作，救助对象情况错综复杂，需要帮扶机构建立明晰的体制内外职能、打通政府与民间力量互构的内外渠道、整合体制内外资源的社会救助工作体系，将正视公权主导的"政府慈善"的合理性与维护私力参与的"民间慈善"的灵活性相结合。基于此，太仓老伙伴统筹民间救助力量，丰富救助资源，从不同的渠道、不同的维度，将资源向多元化发展，有效地使社会救助服务扩"面"。

太仓老伙伴一方面定期与政府相关部门开展专项会议，向政府部门汇报工作情况，以便及时、准确、动态地汇集各类困难群众的信息，形成一个能够反映贫困现状的贫困监测网络，完善帮扶"预警"机制，另一方面根据服务对象的实际情况整合社会资源，精准帮扶。社工为服务对象有针对性地提供类别化、个性化救助，更好地打造分层次、分类别的梯度救助模式，采取多方资源链接、多频政府对接，为社会救助对象提供医疗、住房、工作、教育、心理慰藉等多方救助扶持，让有能力脱困的家庭回归正常生活，确保任何一个家庭或群众在遇到困难和生活艰难时，都能通过社会救助得到兜底保障，让更多需要得到救助的群众能享受到救助政策的普惠。

四、以政策宣传中心为窗口，以"社会公益"为体，营造共响应社会慈善格局

为了有效地营造社会救助良好氛围，进一步宣传救助的服务措施和成效，让社

会救助向"体"系化发展,太仓老伙伴在服务中大力开展社会宣传,打造民政牵头,社会力量协同的救助政策宣传大格局,将公益慈善嵌入居民日常生活,让睦邻互助内化为居民的一种生活习惯,让社区成为"你我"共有的家园、邻里关爱的守望空间。

项目重点加强五方面宣传:一是加强对救助条件、办理程序、资金发放等内容的宣传,促进社会救助工作公开透明,主动接受群众监督;二是加强对就业激励政策的宣传,树立低保对象主动退保的典型,鼓励其积极走出"低保";三是对公益力量整合的宣传,社工通过太仓民政、太仓慈善总会、社工机构的公众号在线上发布了志愿者招募帖,累计招募志愿者180人,并获得多家冠名基金的捐款捐物。四是对于特色品牌的宣传,社工积极打造慈善服务品牌,立足品牌特色吸纳社会组织、心理咨询机构和高校等不同领域的人员参与,不断地提高品牌影响力,形成良好的帮扶环境。五是进行对社会救助对象失信惩戒措施及案例的宣传,为实现精准兜底救助保障营造良好的舆论环境。

目前,太仓老伙伴的服务案例相继被《中国社会报》和"学习强国"平台等媒体刊载,并先后获"苏州市高质量民政事业发展优秀成果奖""2021年度苏州市全民阅读先进单位"称号,"太仓市新时代文明实践最佳志愿服务项目"称号及"太仓市第二届'太仓慈善奖'最佳慈善项目"称号。

服务成效

太仓老伙伴慈善社工通过承接社会救助项目、残疾人之家项目、困境儿童项目等政府项目,为全市的社会救助对象、残疾人、困境儿童等困难群体提供服务,在服务过程中以"三个坚持"为原则,为太仓市的慈善工作添砖加瓦。

一、精准帮扶,切实解决群众的"急难愁盼"

自困境儿童项目实施以来,太仓老伙伴重点帮扶了200余名困境儿童及其家庭,为50名困境儿童开展心理测评服务,为160人次开展心理辅导服务。太仓老伙伴开展的关爱困境儿童成长课堂,吸引了45名困境儿童及其家长,为60名困境儿童带去了慰问品、学习用品和药箱。"感恩有你·童心市集"镇级爱心义卖活动及"'童'心协力筑梦家园"项目的开展让困境儿童以参与者、宣传者的角色助力社区公益力量培育及环境文明创建,从扶贫和扶智两个维度对困境儿童进行精准化服务。

2021年起,太仓老伙伴社工优化"一户一档一策"工作,走访救助群体近2000次,完善家庭档案400余份。打造了多层次、有重点的梯度救助模式,解决困难户危房改造申请、申请特困并成功入住养老院、困难残疾人退休不缴纳社保医保等问题。为上百户家庭制定相应帮扶政策,精准帮扶资源对接,为有需要的低保家庭链接长护险、心理咨询、爱心义诊、生活照料等服务,推动社会救助由传统单一的物质救助向生活帮扶、精神慰藉、心理疏导的转变,切实解决社会救助领域"有政策、缺感情"的问题,让困难群众切实感受到社会大家庭的温暖。

二、宣传推广,加大社会资源的参与动员

社工通过走访入户、分发单页、宣传活动等方式,积极倡导更多的社会力量加入社会救助领域,利用自身力量汇聚群众爱心,发扬一方有难八方支援的优良传统,让社会救助更有温度。在服务期间,太仓老伙伴链接体检中心、养老服务中心、医院、学校、爱心商户等社会力量,为特需对象提供公益服务,通过慈善项目帮助服务群体链接更多的社会力量和资源,也让社会大众更加关注服务群体和项目本身,在提供无偿公益服务的同时也会资助部分活动,让慈善项目能够逐渐形成自我造血机制。

三、积极行动,助推慈善事业高质量发展

积极学习各类相关法律法规,参加各类专项会议,学习慈善政策,不断完善慈善社工相关知识储备;积极发展志愿者队伍,搭建志愿服务平台,广泛参与和开展慈善活动、社会工作、志愿服务,践行社会主义核心价值观,积极倡导人人参与、人人尽力的慈善风尚,大力弘扬奉献、友爱、互助、进步的志愿精神,强化思想道德建设,提升太仓市慈善事业的质量。

多元融合，构建家庭社工的本土特色

朱秋芳

服务背景

我国 20 世纪 80 年代实施了严格的计划生育政策，该项政策对遏制当时的人口过度增长和促进经济发展起到了积极作用，但这一政策也导致了天然存在风险的独生子女家庭结构。当独生子女出现意外死亡后，父母又因年龄过大而不能通过补偿性生育消除风险，就产生了特殊困难家庭"计生特殊家庭"。目前，我国计生特殊家庭已超过了百万个，失独对于家庭来说是灾难，是无法愈合的创伤，计生特殊家庭问题已成为一个不容忽视的社会问题。

实行计划生育政策 30 多年来，太仓市在全国率先进入低生育水平阶段，已连续 20 多年出现人口自然负增长。太仓市的计生特殊家庭比例相对较高。目前全市计生特殊家庭人员近 2000 人，失独后没有第三代的家庭有 310 人。

为了关怀计生特殊家庭，太仓市在浏河镇建立了第一家连心家园关爱服务中心（以下简称"连心家园"），2012 年上半年，按照"五个统一、五个有"的要求全面建立连心家园，实现了各街镇连心家园全覆盖。2013 年，太仓市计生协会在全国率先发起成立了专门关爱计生特殊家庭的社会组织——太仓市连心家园关爱服务中心，运用政府购买社会组织服务的方式创新计生特殊家庭关爱帮扶模式，为全市计生特殊家庭开展心理慰藉、生活照料、情感交流、异地疗伤和技能培训等活动，让他们重拾生活的希望和信心。

服务理念

连心家园以"跨越苦难、自助助人、重塑人生、奉献社会"为宗旨，以计生特殊家庭为服务对象，以"同伴志愿者、专业社工、心理咨询师"为核心服务力量，搭建以政府、社区、社会组织、社工、同伴志愿者及计生特殊家庭为主体的计生特殊家庭社会工作服务体系，为全市计生特殊家庭提供各类帮扶服务，帮助他们面对苦难，重拾信心，跨越伤悲，拥抱生活。

独生子女家庭为"父亲—母亲—子女"的"倒三角"家庭结构，当遇到独生子女去世的风险后，家庭脆弱性出现或增强，而家庭保护性因素可以与家庭风险和脆弱性相互作用、相互抗衡。当家庭能够发挥良好的功能和使用各类资源时，家庭就能适应环境并产生抗逆力，达到家庭的良性调整。家庭保护因素包括家庭信念系统（逆境的意义、积极的观点、超越的精神）；家庭组织模式（灵活性、连通性、社会和经济资源）；家庭交流模式（清晰开放的情感分享、协作解决问题）；家庭外部的社会支持。在服务过程中，连心家园将服务重心放在增强家庭抗逆力上，从动态的、过程的、系统的、发展的角度去关注家庭的优势和资源，建构融合多层次、多系统、多维度概念的整合式家庭抗逆力模型（图1）。

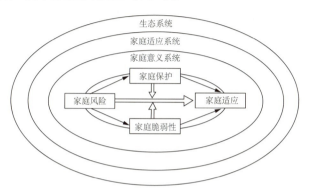

图1　Carolyn S. Henry 的家庭抗逆力模型

服务举措

连心家园始终坚持"助人自助"的服务理念，帮助计生特殊家庭成员拥有稳定的情绪，恢复自信，从自我封闭到走出家门，建立计生特殊家庭成员之间的互动联系，从而重塑人生，奉献社会。经过近10年的探索，连心家园为计生特殊家庭开展8大类、12小项服务内容，形成了帮扶工作常态化、开展活动多样化、结对形式需求化、服务关怀新颖化的特色，建立起计生特殊家庭自我帮扶、自我教育的工作模式。（图2）

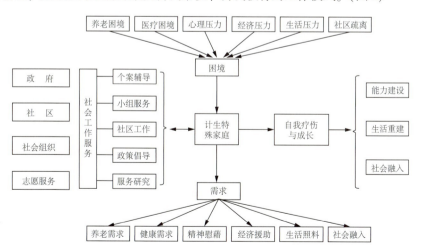

图2　计生特殊家庭重建社会工作服务体系基本框架

一、以服务对象为中心，重构生命意义，强化家庭意义系统

（一）精准评估需求，识别功能障碍

连心家园将精准识别计生特殊家庭的需求作为服务的出发点，从服务对象的需求出发，建构普惠性政策与个性化服务的有效黏合，将政府惠及计生特殊家庭的社会福利政策具体化，提供满足计生特殊家庭需要的菜单式、叠加式和长久式服务。

在日常帮扶过程中，社工细心观察，精准识别计生特殊家庭的需求，建立服务档案，根据档案制订计划提供精准介入。家住科教新城的范阿姨是一位失独者，丈夫对她实施家庭暴力并把她赶出居住地，连心家园针对其保护性的需求介入，第一时间帮她申请了免费的律师为她辩护；独居孙阿姨住院开刀，连心家园帮她联系医生，落实床位，轮流陪伴等；闵阿姨家庭条件困难，社工帮助她联系了结对帮扶对象，为其孙女解决了部分学费……在服务过程中，社工构建"需求""供给""资源"三份清单，精准介入，链接资源，实现需求与供给的无缝对接。

（二）建立信念系统，重构生命意义

对于不少家庭来说，孩子是父母生命意义的源泉，独生子女的离世毁掉了他们对于未来生活的向往。对此，连心家园对计生特殊家庭开展专业介入，社工从优势视角和增权理论出发，进行价值赋能，帮助其重新建构生命的意义，寻找新的人生目标。

2016年，连心家园申请开展了市民政局公益创投项目"失独人群心理干预"。该项目以全市范围内心理状况不良的49周岁以上无第三代的计生特殊家庭成员为主要服务对象，基于Worden提出的哀伤任务模式，从接受现实、经历悲伤、适应新环境及活力重新投入四个阶段对服务进行整合，建构契合太仓本土的干预情境，通过一对一陪伴，引导计生特殊家庭承认并理解丧亲事实，度过丧亲之痛，构建疗愈性环境，引导服务对象关爱自己，探寻新的人生意义，在互动中建立新的社会联结。根据后期回访反馈，这些对象的心理状况都在一定程度上得到了改善，大部分人已顺利走出困境。

（三）禀赋个人优势，积极展望未来

计生特殊家庭个体在破坏性的家庭危机发生时，会产生强烈的无力感。连心家园在开展计生特殊家庭服务的过程中，积极协助服务对象重建新的目标，尽快从痛苦中剥离出来，实现自我发展。在连心家园的服务过程中，社工针对多位因为失去独生子女而丧失生活目标和积极性的服务对象提供介入，帮助他们发挥自身所长，克服逆境困难，寻找新的发展机会。

一位计生特殊家庭的妈妈，因孩子病逝，家里经济十分困难。社工在与她逐渐的接触中，采用访谈、关系网络调查等方法，评估她的需求，发掘她周边的资源，发现她有做丝网花的特长，便邀请她到连心家园担任老师，教其他人做丝网花，在教学的过程中，这位阿姨重新感受到了自己的价值。

二、以特殊家庭为单位，修复联结关系，强化家庭适应系统

（一）优化家庭交流模式，搭建伙伴型夫妻关系

在独生子女家庭中，由于子辈的死亡，使得原来稳定的家庭三角关系结构断裂，破坏了原来稳定的三角结构，导致家庭功能的弱化和外溢，进而致使家庭应对风险的能力弱化。而由于父母对子女养育的投入程度不同，当子女死亡后，很多家庭因父母的反应差别而产生相互指责、相互分裂的情况，进一步破坏了家庭结构。

社工为那些因为独生子女的死亡而夫妻关系变差的家庭提供专业服务，对家庭成员的负面情绪进行疏导，让他们认识到自身的非理性认知和行为，重塑理性信念和积极的沟通模式，帮助他们重新建立伙伴关系，相互携手，相互关照，共同渡过生活难关。

（二）强化家庭组织模式，培育家庭经济社交资本

子女在家庭发展的初期是家庭的主要资源投入对象，而在后期，子女是家庭经济的重要支柱，承担着反哺家庭的责任。独生子女意外死亡，有时会导致家庭陷入经济危机，失独父母的生活得不到保障。

连心家园积极联系爱心企业为有工作能力的计生特殊家庭成员提供或创造工作岗位，缓解他们的经济压力，激发他们再次工作的热情。一位不肯出门、整日沉浸于悲伤中的计生特殊家庭的妈妈，当社工发现她有烘焙技能后，通过多方共同努力，在梅园社区为其建立了烘焙的场所，现在她终于走出家门，开起了烘焙坊，提高了自己的经济收入。

三、以周边资源为要素，推动社会保护，建构生态支持系统

（一）党建引领，先锋助力，关爱独居

为了充分发挥党员的先锋模范作用，2016年8月，连心家园党支部正式成立，党支部组建了一支由各街镇同伴党员组成的16人志愿者团队，对全市计生特殊家庭中的独居人员进行结对帮扶、关怀关爱工作。目前共对接31位独居人员，通过每月1~2次电话访问或走访等形式，与这些独居人员进行联系、沟通，关心他们的日常生活和工作，将连心家园党员的先锋模范作用体现在日常志愿服务当中，践行党员的初心使命，传递党员的爱心和温度。

（二）三工协同，心理慰藉，走出阴影

连心家园非常重视对计生特殊家庭成员的心理慰藉。2020年起，连心家园每年与太仓市心理协会签订协议，在各街镇开展专业化的一对一心理疏导和团体心理辅导服务，对于一些有比较严重抑郁情绪的家庭成员，社工联动专业的心理咨询师、同伴志愿者上门开导排解，逐步探索了一条"志愿者（走进门）+专业社工（敞开心）+专业心理咨询师（融入心）"的工作模式，三者相辅相成，使得计生特殊家庭成员愿意放下戒备，敞开心扉，走出阴影。

(三) 同伴支持，成立自组织，增力赋能

连心家园由计生特殊家庭人员发起成立，凝聚了众多计生特殊家庭人员的心血，凝聚了他们对同伴人群的关爱。感同身受的经历，让社工和服务对象之间形成了心灵的默契和共同的语言。为了充分发挥同伴支持的力量，连心家园线上利用"互联网+"技术建立了由计生特殊家庭自发组织的QQ群及微信群等。线下则在各乡镇范围内成立计生特殊家庭自组织，为计生特殊家庭开展互动交流团体活动。逢年过节，组织计生特殊家庭一起聚餐、郊游、看电影，其乐融融。为逢生日的计生特殊家庭人员举办生日聚会，替他们的子女尽孝，用关爱来缓和他们受伤的心。在同伴志愿者的帮助下，许多遭遇困境的家庭，及时得到了心理疏导和常态化的关怀慰问，通过同伴的力量走出生活困境、抚平心灵创伤。

(四) 家庭医生，绿色通道，保障就医

生理和心理是紧密相连的系统，精神上受创对身体的伤害也是极大的，服务对象的"健康觉察"能力会飞速下降。身体机能下降则导致他们难以应对复杂的就医流程。

2014年年底，连心家园携手医院探索家庭医生制度，从浏河镇起步，为38户计生特殊家庭每户配备1名家庭医生。2015年，全市各街镇全面推广家庭医生制度，为计生特殊家庭成员提供规范的随访和便捷的医疗服务。2016年，太仓市人民医院和中医院开通了绿色通道服务，使计生特殊困难家庭在医疗卫生方面有了更好保障。同时，连心家园成立健康讲师团，赴各街镇为100多个计生特殊家庭开展健康讲座。

(五) 社区融入，携手同行，丰富生活

大部分失独者在社交上封闭自己，不愿意融入更大的社会环境中，计生特殊家庭需要建立多元的人际网络，增强社会支持网络，因此，连心家园鼓励失独者走出家门，增加与社会交往的机会。社工邀请律师开展婚姻、收养、财产继承等法律知识讲座，为计生特殊家庭开展电脑、丝网花、烘焙等技能培训，为他们编排舞蹈与小合唱等节目并在太仓电视台演出，丰富他们的业余生活。通过链接社区资源，营造关爱计生特殊家庭的社区氛围，创建社区计生特殊家庭照护体系。

截至目前，连心家园入户走访慰问438次，开展集体祝大寿活动30余次，共为100余人送上祝福，开展异地疗伤49次，共计1500余人次受益。心理慰藉方面：进行一对一心理疏导182人次，共计348小时；进行团体心理疏导26次，800余人次受益。另外，对于每年新增的、大病住院的计生特殊家庭成员，连心家园的志愿者每家每户都上门走访；针对计生特殊家庭提出的房屋维修、安置拆迁、看病陪护、婚姻纠纷、领养子女等诉求，"连心家园"也积极联系相关部门，帮助其解决生产生活中的困难。连心家园在政府与计生特殊家庭之间架起了一座桥梁，成为化解社会矛盾的"润滑剂"，得到了计生特殊家庭成员的欢迎和肯定，为社会的和谐与稳定做出了一定的贡献。

服务成效

一、服务对象层面：解决计生特殊家庭困难，使之重树生活信心

通过连心家园平台，政府、社区、社工、计生特殊家庭人员共同参与，积极引导计生特殊家庭度过失独之痛，重构人生意义，最终从哀伤走向积极、从孤独走向链接、从被动服务走向主动参与，并协助他们解决拆迁分房、生病护理、领养子女、婚姻纠纷、劳动就业等诉求，提高计生特殊家庭的发展能力。一位痛失妻子和儿子的父亲本已经写好了遗书，却通过连心家园的帮扶，成为城厢镇公益创投项目的负责人。一些特殊家庭在帮扶他人、奉献社会中自助助人，重塑人生。全市90%以上计生特殊家庭参与了连心家园的集体活动，大多数计生特殊家庭人员的精神状态有明显好转。

二、社会层面：搭建服务帮扶体系，创新社会治理方式

连心家园一头连着政府，一头连着计生特殊家庭，是政府与特殊家庭之间的"缓冲带"和"桥梁带"，我们从单一服务项目起步，逐渐发展全市各街镇计生重点帮扶项目，形成了较为完善的计生特殊家庭帮扶服务体系，构建了市级统一部署、街镇积极配合、上下联动、合力帮扶的服务网络。建立党员志愿服务队，一对一对接失独的独居老人；探索"同伴志愿者+专业社工+专业心理咨询师"的工作模式；构建家庭医生体系，健全就医绿色通道；举办形式多样的活动，使我们的服务更趋精准化、规范化和专业化。

三、专业层面：构建三级联动机制，上下联动，健全网络

市级层面建立连心家园关爱服务中心，负责全市计生特殊家庭日常工作；制订年度服务计划，落实具体服务的实施、经费的统筹方案等；镇级层面建立每个街镇的连心家园，负责收集计生特殊家庭的信息、困难和诉求，召集开展关爱活动等，形成了市级统一部署、街镇积极配合、上下联动、合力帮扶的服务网络。建构这样的体系主要凸显三个层面的特点：一是强调以满足计生特殊家庭的特殊需求为本。将政府层面的宏观政策扶持与社会工作的个性化服务方案相整合，满足共性和个性需要。二是发挥社会工作服务全流程的个案管理优势。在计生特殊家庭需求评估、专业关系建立、服务方案设计、服务过程及服务效果等方面进行综合介入。三是强调各帮扶服务主体的整合与优势互补。政府、社区、社会组织、志愿者及计生特殊家庭个体都存在自身的优势，社工将这些供给主体进行有机整合，并化解成一个从微观到宏观、从内在到外在的服务机制。

连心家园服务机制得到了国家、省、市领导的高度重视和大力支持。太仓市连心家园成为国家特殊家庭帮扶项目点和江苏省关爱计生特殊家庭项目示范点。国家卫生健康委员会、中国计划生育协会特殊困难家庭帮扶工作调研会、全省"连心家园——关爱计生特殊家庭行动"启动会和苏州市连心家园建设推进会相继在太仓召开，全省统一"连心家园"品牌，全面推广太仓经验。

医务社工：专业服务让医院更有温度

孙亚军　瞿金培　闵国强　方　瑞

服务背景

党的十九大报告指出要实施健康中国战略，要完善国民健康政策，为人民群众提供全方位全周期健康服务，要深化医药卫生体制改革，全面建立中国特色基本医疗卫生制度、医疗保障制度和优质高效的医疗卫生服务体系，健全现代医院管理制度。深入了解、适应和满足患者的就医需求，是现代医院医疗服务体系的重点工作之一。病人在病程中面对各种经济、家庭关系、照顾压力、心理情绪健康等困难，还有可能面对医疗救治资源的问题。这些需求与问题，充分体现了医务社工介入的必要性。

2018年11月，国家卫生健康委员会公布的《进一步改善医疗服务行动计划（2018—2020）考核指标》中将"医务社工制度和实践"单独列为医院考核一级指标。《江苏省三级综合医院评审标准实施细则（2019版）》2-8已明确规定：医院须有医务社工和志愿者制度并开展工作，设有医务社工岗位并配有专职人员。2017年，太仓市第一人民医院（以下简称"市一院"）开启医务社工建设，引入并培育专业社工为患者提供心理关怀及社会服务。

服务理念

医务社工秉持社会工作价值观，运用社会工作专业理论和方法，收集并回应患者及其家属的需求，整合院内外资源，旨在为患者及其家属提供各类周到细致、内容全面、方式便捷的人文服务，作为医学治疗的补充，加强对患者及其家属的人文关怀，增进其福祉，为他们打造更有"温度"的医院支持，提高患者及其家属的满意度，进而建设和谐、友好的医患关系，促进医疗服务质量的提升和患者康复。

医务社工服务的开展主要依托罗杰斯适应理念，推动人、健康、环境、护理的相互融合。适应理念的行为主体是医务社会工作者，客体是患者，社会环境则既包括患者家庭和社区，也包括患者亲属、医生、志愿者等人的因素。在服务过程中，医务社工针对患者个别化需求，通过专业的服务手法，积极动员医务及社会力量，主动地为患者营造易融入的医务环境，通过多元力量的配合，使患者在接受治疗的同时保持良好的心理状态，构建医患关系，逐渐提高服务对象的适应能力。

服务举措

2017年至今，市一院医务社工服务经历了从无到有、从陌生到熟悉、从促进融入到专业化服务、从项目进驻到医院自行采购到自有人员的发展路径。如今，医务社工服务已成为医院未来发展规划的一部分，受到医院领导的高度重视，获得了临床医护团队的认可。同时，医务社工服务在患者及其家属中的知晓度也得到了提升，他们寻求医务社工帮助的意愿也在不断增加。

一、医务社工服务起步阶段（2017年）：项目化引入专业团队，探索嵌入式医务社工服务模式

2017年，太仓市本土社工机构参加太仓市卫健委首届卫生计生创客大赛，"搭心桥点亮光"娄城医患关系正向促进试点项目在市一院落地实施，以项目进驻的方式开启了医务社工服务之路。项目服务内容聚焦医患关系，以期实现提升医务社工服务存在感和患者、家属、医务人员获得感的目标，从而解决政府部门、医院、医护、患者及家属对"医务社工是什么？可以做什么？能够带来什么改变？"等方面的疑问。

在项目实施过程中，医务社工开展了大量促进医患互动的活动，例如"微爱益心"病友生日会、"如水音符"科室音乐吧、"时光的记忆"我们的节日、"味蕾的故事"科室美食节、"花趣"手工社、"欢乐时刻"科室影院等。每一次活动都有医护人员参与的身影，他们在活动中了解医务社工的身份和角色以及社工服务内容，同时，活动也拉近了医护人员与患者及其家属之间的距离，能够帮助医护人员更好地了解患者的情况和需求，使患者消除对医护人员的一些误解和偏见，有效促进医患关系的改善。医务社工开始进入医院领导的视线，院方多次组织团队赴上海各三甲医院学习交流，规划未来的发展思路。

二、医务社工服务转折阶段（2018年1月—2020年6月）：岗位购买打造服务站点，探索共生型医务社工服务模式

2018年，通过对医务社工项目取得成绩的总结，民政局、卫健委、市一院三方相关领导人员建立了共识，认为可在现行政策支持下，建立医务社工站，将医务社工项目范围进一步拓展。2018年6月，医务社工站建设完成，在太仓市卫健委见证下，民政局、市一院及专业社会服务机构签署三方协议，民政局向服务机构采购2名医务社工岗位，派驻至市一院医务社工站开展服务，为期2年。自此，市一院医务社工站正式运行。

随后市一院在与专业社工服务机构的合作过程中，探索共生型医务社会服务模式。一方面，医务社工服务呈现以服务对象需求为导向、多元服务整合式发展的特点，初步建立起四位一体服务模式（图1）。以常态活动促服务对象参与，以品牌项目跃升影响力，以个案小组拓展服务精细度，以平台搭建积累医务社工人才资源，

通过该服务模式的运转，医务社工的服务内容更加多元化，更具层次性，并体现出社工的专业性，医务社工服务界限逐步清晰。

图 1　四位一体服务模式示意

另一方面，医院调整管理部门职责，指定专门部门——文化与社会服务部加强对社工服务的考核与监管，并对原有部门人员开展社会工作培训，助力其参加社工师考试，一批人员取得助理社工师资格，参与到医务社会服务中去。2019 年，市一院撰写的论文《"共生型"医务社会工作发展模式在县级公立医院的路径探索》在《江苏卫生事业管理》杂志发表。

三、医务社工服务提升阶段（2020 年 7 月—2021 年 6 月）：自行采购强化内生机制，拓展共生型医务社工服务范畴

2020 年 7 月，市一院自筹资金，通过公开招标，向社会机构采购医务社工服务岗位，巩固共生型医务社会工作发展模式，并不断增大该发展模式中自身服务力量的比重。

在医务社工发展过程中，市一院在原有四位一体的服务模式中，进一步扩大服务科室，扩展服务内容，强化了医务社工的专科化发展方向。在服务科室方面，由血液肿瘤科、胸外科、儿科等科室增加急诊科、神经内科、血透室，通过医务社工在不同场域的落地及发展，将社会工作理念、医学理念等多种专业理念进行链接，结合不同科室患者及医护人员的实际需求，推动专业理念和专业技能的联结与联动。在服务内容方面，通过社工查房制度、社工值班制度的实施，开展常态化患者关怀、危机介入、出院安置服务，尤其是在"三无"（无家属、无费用来源、无身份证明）等异地就医患者的出院安置方面，逐步积累了经验。

在此期间，社工站注重加强医务社会工作的经验分享和学术交流，多次参加省、市医务社会工作学术会议，邀请相关专家来院指导医务社会工作。2021 年 5 月，市一院成功举办长三角首届县（区）医务社会工作发展研讨会，促成了长三角县区医

务社会工作发展交流机制的建立。

四、医务社工服务转型阶段（2021年7月至今）：专向招募培养自有社工，推动医务社工"精细+整合+专业"式发展

2022年7月，市一院结束外购医务社工服务模式，转向自有社工模式，明确医务社工站隶属关系和社工岗位职责、岗位数量，自行招募社会工作专业人员，并进一步开展医务社会工作专业研究，迈向高质量发展阶段。

（一）探索实务模式，促服务精细发展

经过实践与探索，医务社工站在四位一体服务模式基础上，服务领域不断拓宽，服务层次不断深化，逐渐探索出以"社工+志愿者"双队伍为驱动引擎、以"医疗+护理+社工+心理"多学科协作为专业支撑的联动发展模式。社工站在血液肿瘤科、急诊科、神经内科开启专科服务实践，促使服务向更专业、更精细化方向发展。在血液肿瘤科，社工重点开展患者关怀，协助健康宣教和出院指导，做好心理抚慰。在急诊科，通过"社工+志愿者"模式，落实值班制度，设立医务社工工作岗，公示医务社工联络方式，开展患者引导、患者关怀、情绪疏导、检查陪伴、危机介入等工作。在神经内科，重点开展"三无患者"的出院安置，以"个人支持系统赋权、医疗系统协调、社会支持系统整合"等生态系统视角为抓手，推动解决三无患者的出院安置难题，缩短平均滞留时间，降低费用拖欠支出，提升妥善安置率。

（二）建立合作基地，促服务资源整合

社工站广泛招募医务工作者及社会志愿者，为患者提供问诊引导、陪伴就医、政策咨询等志愿服务，完善暑期高校志愿者的招募、培训、考核、发证、评优等机制，成为大中学生暑期社会实践基地。2021年，为扩充市一院"娄享公益"志愿服务品牌的志愿者库，医务社工站分别与太仓中等专业学校建立实训实习基地、德育实践基地；与太仓市肿瘤俱乐部建立"爱"友互助志愿服务基地；与苏州健雄职业技术学院建立大学生志愿者服务社会实践基地，并于2022年合作创立"娄医音乐吧"项目，成立公益表演团队，进一步扩充"娄享公益"志愿服务队伍。社会志愿者年均招募逾200人，年均服务时长近3000小时。

（三）开展行业交流，促服务经验传播

市一院开设医务社工服务以来，积极开展行业交流，以促进服务经验的学习、升华和传播，从而参与推动整个行业的发展。市一院目前是江苏省社会工作协会医务社工专委会理事单位、苏州市医院协会医务社会工作暨志愿服务管理专业委员会副主任委员单位，2021年年初成功申报江苏省社会工作协会医务社会工作团体标准项目，经过一年的研究，起草的江苏省社会工作协会医务社会工作团体标准《综合医院急诊医务社会工作服务规范》于2022年3月18日正式发布。

服务成效

一、增进患者福祉，提高患者满意度

医务社工为婴幼儿照顾者、独自就医者、自杀人员、三无人员、异地就医者等病患及其家属和住院部重点合作科室患者及其家属提供政策咨询、情绪疏导、医疗救助、医患沟通、危机介入、资源链接、出院安置、陪同就医等专业服务，疏导患者及其家属的焦虑情绪，改善就医环境，促进入院适应，协助医患沟通，建立社会支持网络，有效增进了患者福祉，患者的就医体验感及满意度逐渐得到提升，就医流程中增添的人文关怀让医疗服务更有温度。

二、改善医疗服务质量，获得临床医护团队认可

医务社工服务的开展，在改善医疗服务质量方面取得了明显成效，分担了临床医护团队非医疗方面的压力，解决了患者的各类复杂问题，减少了患者与医生间的信息障碍，让医护团队可以更加集中精力地投入临床工作。减负后的医护团队可以拥有良好的心态来对待工作，焦虑、烦躁情绪减少，面对患者的态度逐渐变好，这也减少了医患冲突。不仅如此，在日常工作中社工举办的心理减压活动，也逐渐缓解了医护团队的心理压力，对其临床工作具有明显的帮助。医务社工的专业角色、专业方法和专业服务，赢得了临床医护团队的认可。

三、提高公众对医务社工的认知，推动医务社工服务发展

市一院开展医务社工服务 5 年以来，通过媒体、墙面宣传栏、发放宣传折页、大型宣传活动、微信公众号推文等方式有效强化了对医务社工的宣传。与此同时，医务社工的身影和服务进入大众视线，接受过医务社工服务的患者及家属慢慢了解到医务社工和志愿者之间的区别，除了基本的导医服务外，医务社工还可以用专业方法评估患者的需求，为其提供针对性的帮助。医务人员也对医务社工的角色和服务内容更加了解，知道患者在什么情况下可以向医务社工转介，并且积极配合医务社工开展服务。同时，患者及其家属主动求助的次数逐渐增加。医务社工服务的开展有效增强了公众对医务社工角色的认知，对医务社会服务行业发展起到了推动作用。

人物篇
RENWUPIAN

"聚是一团火，散是满天星。"社工领军人才有志于成为社会服务工作的探索者、先行者，他们用澎湃的向上正能量，把社会工作当作一项全新的事业来做，不断地创业、创新、创造，向社会传递温暖，播撒爱心。

陈维佳

陈维佳，贵州凯里人，中共党员，中国社会科学院社会学博士后、华中科技大学与瑞典乌普萨拉大学联合培养博士、瑞典斯德哥尔摩大学社会工作系访问学者、瑞典耶夫勒大学国际社会工作系客座讲师、江苏省社工协会理事、江苏省社会工作领军人才、苏州市第十六届人大代表、苏州市社工协会副会长、太仓市社会工作领军人才、太仓市娄东英才、太仓市第十六届人大代表。

2015年5月，陈维佳创办太仓市瑞恩社会工作发展研究中心，主要涉及社区社会工作、社会组织孵化器、学校社会工作等领域，秉持着"更专业地助人"初心，深耕社会工作实务，通过行动研究探索社会工作本土化路径，带领机构荣获全国第九届林护杰出社会工作奖、江苏省社会工作优秀项目一等奖、苏州市优秀社会组织、苏州市优秀党建品牌案例等荣誉。

社工寄语

脚踏实地，砥砺前进，在中国社会工作发展历程中留下自己的专业足迹。

孙 陈

孙陈,江苏太仓人,江苏省级党支部书记工作室书记,太仓市德颐善社会工作发展中心党支部书记兼创始人,江苏省政协委员,江苏省优秀党务工作者,全国百名社工人物,江苏省社会工作领军人才、高级社工师,自2009年扎根社区养老服务至今已有13年,孙陈将青春和汗水挥洒在社工服务第一线。

2015年,孙陈成立太仓市德颐善社会工作发展中心,带领机构800多名员工,依托40余个日间照料中心,30余个社区服务项目,常态化为全市3万余名老年人提供居家上门及长护险服务,月均服务时长超过了9万余小时,初步构建了"以社工为主导,多元化服务团队支撑"的专业、可复制、持续性社区照顾网络。

孙陈主动发挥省领军人才的示范引领作用,创新打造"党建携手·颐善家园"服务品牌,实施"党建三携手"工作方法,最大限度整合激活各领域基层党建资源,形成"结对帮学,争创公益先锋"的良好行业氛围,积极推动本土社工培训及社工研究项目的开展,不断提升本土化社工人才的专业成长,助推行业发展,被服务对象盛赞为"不是女儿胜似女儿"!

社工寄语
坚守初心,勇担使命,助人自助,矢志不渝。

姜春艳

姜春艳，江苏宿迁人，太仓市启航青少年事务服务中心理事长，太仓市青年志愿者协会会长、华东理工大学社会工作博士，南京市和苏州市认证督导，国家高级社会工作师，国家二级职业指导师，国家三级心理咨询师，专业领域为青少年社会工作、司法社会工作。曾获评中国社会工作教育协会抗疫杰出志愿者、江苏省青少年事务社工榜样人物、苏州市最美劳动者、苏州市优秀社工、太仓市首批社会工作重点人才、太仓市优秀社会组织党组织带头人等荣誉称号。所负责的项目获得江苏省优秀社工项目，所创办的机构获评2019年全国百强社工机构、江苏省5A级社会组织。

社工寄语

微光萤火，可汇熠熠星海；初心不渝，终会功不唐捐。

屠燕红

屠燕红,江苏太仓人,中共党员,现任太仓市欣诚社会工作服务社党支部书记、理事长,中级社会工作师,曾获评2017年度中国百名社工人物、第六批江苏省社会工作领军人才、首届江苏省"最美社工"、2018年度苏州市社会工作"优秀督导"、苏州市第二批"红色社工"、苏州市"最美红色社工"、苏州市社工专业人才"先锋代表"、太仓市"最美社工"、太仓市社会工作重点人才等荣誉。

屠燕红从事专业社会工作10年多,作为一名直接服务提供者,她从社区驻点社工开启职业社工生涯,服务领域涉及社区治理、社会组织孵化培育、志愿者管理、特殊群体(社会救助对象、高龄/独居老人、退役军人、困境儿童)服务等;作为一名间接服务提供者,她从创投项目运营及评估、社会工作课程开发与教授、社会工作督导等多维度支持社会组织从业人员能力提升,以保证服务的专业化输出。

社工寄语
向下扎根,向上生长。

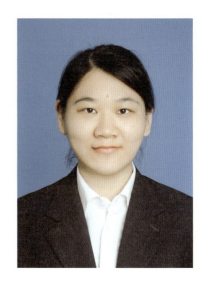

朱晓庆

朱晓庆，安徽淮南人，中共党员，太仓市社会工作领军人才，瑞恩社会工作发展研究中心副总干事，社会工作专业硕士，中级社会工作师。

朱晓庆秉持着"专心、专业、专注"的服务精神，深耕社工服务，专研社工技能，提炼社工方法，知行合一、共融共创。

从事社工职业以来，朱晓庆开展过街道社工站项目、社会组织孵化培育基地运营、公益创投项目监管评估、社区社会工作项目、社会救助社会化项目、社会组织实务技能培训、社会工作专业课题调研等相关工作。

朱晓庆先后荣获第二届江苏省"最美社工"、苏州市社工专业人才"领域标兵"、苏州市"优秀社工"、太仓市社会组织党员学习标兵、太仓市十佳社会组织公益服务先进个人、太仓市首批优秀"星火讲师"、太仓市司法行政领域优秀社工等相关荣誉。

社工寄语

至诚至坚金石为开、专心专注奋发有为，秉持社工初心、助力社工事业，为太仓社会工作的发展添砖加瓦、踵事增华！

刘丽华

刘丽华，云南曲靖人，苏州市人大代表，太仓团市委副书记（兼），太仓市启航青少年事务服务中心总干事，江苏省第二届"青马工程"社会组织班成员，苏州市第四届社会工作实习督导。曾荣获苏州市优秀团员、苏州市社会组织百名"公益达人"、太仓市社会工作重点人才、太仓市优秀社工、太仓市"星火讲师"优秀学员等荣誉。

太仓市启航青少年服务中心作为全国百强社会工作机构、太仓市唯一一家专注于青少年服务的社会组织，9年多来，承接项目130余个，服务约27万青少年及家庭。刘丽华带领启航团队，围绕维护青少年权益开展相关服务工作，以推进政府、社会、家庭、学校"四位一体"帮扶体系建设为目标，创新、创建青少年服务模式，以习近平新时代中国特色社会主义思想为指导，坚持服务为民，切实解决青少年"急难愁盼"问题，着力深化高质量青少年社会工作实践服务，努力为青少年社会工作高质量发展提供有力保障。

社工寄语

人因相同而有所联结，因相异而有所成长。

耿彤彤

  耿彤彤,江苏徐州人,中共党员,中国青年政治学院社会工作专业毕业,华东理工大学在读硕士,江苏省社会工作领军人才、高级社工师、太仓市政协委员,现任职于太仓市德颐善社会工作发展中心,担任该中心轮值总干事。

  从业10年来,耿彤彤先后负责"邻里家园"社区服务社会化项目、市级社会工作服务指导中心项目、公益创投、镇级场馆运营项目等诸多项目,在养老及社区社会工作方面具有丰富的经验,所提炼的"防跌护老""美好社区建设"等案例连续三届获评全国百优社会工作服务案例、最具影响力社工项目、全国最感人社工故事,并获选2020年度中国百名社工人物、苏州市社工专业人才"先锋代表"、苏州市公益人才、苏州市优秀社会工作督导、太仓市首届社会工作重点人才。

社工寄语
扎根社区,服务社群,专业有爱,助人自助。

龙绍眉

龙绍眉，重庆奉节人，中共党员，太仓市社会工作领军人才，华东理工大学社会工作硕士，社会工作师，太仓市欣诚社会工作服务社社区部总监。

从业五年来，先后负责"邻里家园"社区服务社会化项目、娄东"邻里家园"项目评估、市妇联微创投运营项目、残疾人精准入户调研（试点）项目、公益创投等多个项目。曾获苏州市第二批"红色社工"、太仓市"最美社工"等荣誉。

参与社区建设服务和针对失独家庭、残疾人等特殊群体的专项服务，既做精准对接，也做居民参与；积极申报市里和街镇的创投项目，提升项目管理意识和能力，尤其在开展"邻里家园"项目的过程中，不断深化对社区治理的钻研，所跟进和主笔的案例《社区共建，你我同参与——居民参与促成楼栋自治》荣获苏州市优秀案例三等奖；加强社会组织培育和志愿者管理的探索，跟进的社会组织和志愿者积分管理案例分别在2017年和2018年荣获太仓市"邻里家园"案例分享三等奖；探寻社区内生力的创建，所跟进的社区劝募在2018年荣获太仓市"邻里家园"案例分享二等奖。

多维度探索社工服务本土经验总结，所跟进的残疾人精准入户调研（试点）项目获得购买方的一致好评，得到了《太仓日报》的专题报道。另外，先后在"中国社会工作""社工客""社工观察"等权威公众号发表《老小区问题，小治理带动大参与》《面对慢病，社工是这样做的》《如何运用小组工作方法，介入垃圾分类难题》等多篇服务经验总结文章，助力本土社工经验的共享和传承。

社工寄语

社工，一场向美而生的修行之旅，愿社工一路向阳，茁壮成长。

张聪聪

　　张聪聪,安徽宿州人,中共党员、安徽大学社会工作专业硕士,太仓市社会工作领军人才,太仓市"星火讲师",任太仓市德生社会工作服务中心副总干事,负责机构事业部工作,并主导完成多个项目的实践与督导工作等。

　　从业五年来,先后负责"邻里家园"社区服务社会化项目、社会救助社会化精准帮扶项目、服退役军人服务项目、公益创投、浮桥镇社工站项目、浮南社工室项目、智慧和平项目等诸多项目。她不断深化项目服务内容,探索机构服务方向,以机构发展为己任。

　　她荣获太仓市优秀社工、太仓市最美社工、太仓市"星火讲师"说课比赛三等奖、全国社会工作督导培训班第31期"优秀学员"等荣誉称号。

社工寄语

　　用生命影响生命,以服务温暖人心,社会工作是一个有温度、有责任、有使命、有担当的职业,我们要做"政社互动"下的"四有社工"。

顾 绒

顾绒,江苏太仓人,中共党员,中级社会工作师,现任太仓市义工联合会副会长兼秘书长。顾绒主要负责全年太仓市义工联合会所有公益活动的策划、组织、宣传和推广及所有公益项目的申报和落地。她于2014年加入义工联合会的志愿者队伍,利用工作之外的时间参与独居老人关爱、失独老人关爱、涉毒家庭帮扶、安徽金寨及太仓本地困难家庭的助学帮困、应急救护公益培训、社区疫情防控、人口普查等志愿服务。她先后获评2016年江苏省"安置帮教先进个人""2016—2017年度苏州市司法行政领域优秀社工""2017年度苏州市'十佳优秀社工'""2018年度太仓最美社工""2019年度慈善爱心人士""2021苏州时代新人"等荣誉称号。

社工寄语
伸出温暖之手,以奉献情怀,在黑暗中为他们的迷茫人生点亮一盏希望之灯。

方 瑞

方瑞，内蒙古鄂尔多斯人，中国社会科学院研究生院社会工作硕士，中级社会工作师，苏州市社会工作见习督导，太仓市社会工作专业重点人才。现从事医务社会工作服务，参与筹备长三角首届县（区）医务社会工作发展研讨会，参与起草江苏省社会工作协会团体标准《综合医院急诊科医务社会工作服务指南》，规划服务内容和服务模式，积极推动太仓医务社会工作发展。她主持、策划住院患者常规活动、医务人员心理减压活动、特定患者专业小组活动、医院大型节日活动等，开展个案管理和个案服务，负责招募、培训、考核志愿者，整合社会公益资源帮助困难人群，以及发挥专业优势开展实习生带教工作。曾参与实施太仓市"邻里家园"社区服务社会化项目、老年人日间照料中心服务项目、困境儿童个案保护服务项目、残疾人之家项目等，担任项目主管和督导。

社工寄语

我愿是那一束光，照进偶尔困顿迷茫的日子，陪你一起走向美好的未来。

孙冲冲

孙冲冲，江苏盐城人，毕业于苏州科技大学社会工作专业，中级社会工作师，2015年9月入职太仓市浩蓝社工服务中心，毕业至今一直从事专业社会工作服务，有着丰富的参与残疾人社会工作、老年社会工作和社区社会工作的一线社工实践经验。

孙冲冲从事专业社会工作7年来直接服务对象达6000多人次。2017年，他开始接触"邻里家园"项目并担任项目主管至今，其间，他带领社工团队为所服务社区成立社区志愿者团队17支，孵化培育本土社区社会组织26个，多次获得太仓市民政局与娄东街道等镇（区）优秀项目、优秀案例奖，2019年被太仓市民政局授予太仓市首届"最美社工"称号，2020年被太仓市民政局评为太仓市社会工作重点人才。

社工寄语

心中有热情，肩上有担当，开启自己的智慧和真诚，成就别人眼中的期许。润物无声，风化于成，奉献自己的爱心，点亮他人的梦想。

心愿篇

XINYUANPIAN

人文关怀的核心是人道主义，人道主义的核心是善与爱。无数社会工作从业者、志愿者们怀揣着奋斗理想而来，充满着善意和关爱，用自己的微弱火光去温暖他人，照亮他人。无数老百姓的"表情包"，就是他们专业服务、努力奉献的目标与追求。

幸福四季·社工有感

王 森

春和景明，惠风和畅
一颗社会工作的种子
乘风破浪，奋楫起航
来到了全国最具幸福感的城市
美丽金太仓
满怀憧憬与向往
满怀期待与希望
开始了社会工作实践的新篇章

夏雨阵阵，浩浩荡荡
幸福太仓，心驰神往
走出理论学习的殿堂
走进实务耕耘的现场
走遍社区的大街小巷
走向心灵升华的海洋
从邻里家园培育社区社会资本的初始模样
到社会救助精准帮扶暖人心房
历经青耘计划助力青少年正向成长
青益之家放飞青年社区营造的梦想
以及益动浦溪党建为民的红色领航

在锻炼中感悟，在磨砺中成长

秋动红枫，收获满仓
六年时光，似短非长
有不被理解的困苦迷茫
不被认可的焦虑慌张
也有现实落差的无助彷徨
有心无力的脆弱悲伤
每每想到受助对象开心的模样
特困人群期盼的目光
以及社区居民的牵手话家常
倍感温馨亲切，誉满胸膛
脑瘫儿童家庭支持网络构建下的奋发坚强
高龄残疾人群爱心扶手的安装
在点滴中折射助人自助的光亮
在服务中收获平等、尊重和高尚

冬雪皑皑，蓄力飞翔
继往开来，点亮辉煌
凡是过往，皆为序章
心之所向，素履以往
政社互动的开创，在全国回响
奔腾致远，爱民为民的号角萦绕耳旁
作为太仓社工的一砖一瓦一白杨
甘愿贡献微薄的力量
踔厉奋发，斗志昂扬
笃行不怠，走向远方

有一种幸福叫社工

郑 琳

有一种工作，没有体验过，无法了解其艰难；有一种笑容，没有目睹过，无法感受其快乐。

刚入职时，我还是一个懵懵懂懂的社工小白，那时候，作为"邻里家园"项目的一线社工，每次被社区居民问到社工是做什么的、社工可以为我们做什么时，我都是一问三不知，挫败感满满。

还记得在社区里第一次组织大型文艺汇演活动，那时候有什么不懂，只能跟我的搭档一起商量怎么安排节目？怎么布置场地？一遍一遍地去和社区的艺术团队沟通，活动正式开始前，我作为主持人，突然发现居然忘记写主持稿了，但是时间来不及，只能硬着头皮上了，那可是在两三百人面前主持呀，我看着台下密密麻麻的观众，大脑有一瞬间的空白，腿直打哆嗦，连嗓音都是颤抖的，好在最后还是完成了这场主持，居民的反馈也是很好的，这给了我信心，也让我谨记一定要把准备工作做足。

我在这个行业工作已经快6个年头了，当初的社工小白也逐渐成长起来，渐渐地明白了社工是什么、社工能带来什么。社工是帮助人的，但社工又是专业的，社工助人自助，社工授人以渔，社工的帮助不是没有逻辑仅凭一腔热血的，社工有自己的伦理观、自己的价值观。

作为一名专业社工，我接触到越来越多的群体，他们对社工大多从抗拒到热情相迎，从他们的身上，我逐渐感受到了社工的力量，那是一团火、一团光，虽然微弱，但是能够给这些群体带来力量，我深深地爱上了社工这一职业。未来我将努力在社工这条路上继续前行，牢记自己的初心，帮助更多需要帮助的人。

感悟初心力量
见证使命担当

高桢颖

"青年一代,只有把自己的人生同民族的命运紧密联系在一起,扎根人民,奉献国家。才能在逐梦的路途上脚踏实地、行稳致远。"

一、初遇

第一次了解社会工作是在2013年的一次党员志愿服务中,我跟随着社工走进福利院,在"六一"儿童节期间,为孩子们送去活动礼物。活动结束后,当孤独症小女孩镜子鼓起勇气对我说"谢谢"时,我初次体会到了青少年社会工作的价值和意义。从那时起,成为一名优秀的青少年社工成为我一生奋斗的目标。

二、入行

自2019年入职太仓市启航青少年服务中心以来,我正式地由"志愿者"转变成"社工",作为一名青少年社工,起初常常会遇到来自家人的不理解,因为这份不理解,也时常会委屈流泪。作为一线社工,我常常会因为一场活动而一遍遍地与合作方沟通细节,修改策划方案,一次次地打开淘宝,为孩子们精挑细选活动物资。为了让策划方案更具创新性,我常常绞尽脑汁,刷遍社工网站,翻阅经典实务案例,晚上做梦都想着活动,半夜醒来,都会拿出手机,思索一会。加班、熬夜对于社工来说是家常便饭,我们却从不抱怨,一想到孩子们开心的笑容,想到甲方对我们表示肯定的赞许,我就觉得一切都是那么美好,从事青少年社会工作,就算有委屈,有不理解,我依然无怨无悔。

三、重塑

"小狮子"小博是我进入太仓市启航青少年服务中心之后接触的第一个个案对

象,由于出生时脑干出血,小博从小就"与众不同"。在学校,他只敢坐在班级的角落,他沉默寡言,敏感自卑,害怕听到嘲笑的声音,习惯性地低头、捂耳朵,本该灿烂的童年变得暗淡无光。我和社工伙伴一起通过个案服务、小组活动走进小博的生活,邀请小博参与"幸福港湾"实训基地,带他走出心理困境。值得骄傲的是,小博的作品在"我是遵纪守法小公民"绘画比赛中获得了"我是遵纪守法小公民"奖,作品在太仓市图书馆展出。小博的妈妈表示,小博的双手没有力量,以前从来不碰画笔,是我们的不断鼓励使他找到了自己的爱好。听了小博妈妈的话,看到小博一天天的变化,我再一次重新理解了社会工作,社会工作者并不是万能的,但是社会工作者在尽可能地用一个微笑、一个眼神,或是一次平凡的活动帮助每一个相信并愿意改变的他。每一次助人自助的过程都是一次新的成长与洗礼。

四、期待

选择做社工,源于心中那个为更多人服务的理想与信念,在这个过程中,有欢乐也有泪水,有迷茫也有喜悦。也许只有当我真正体会过社会工作的酸甜苦辣之后,才能真正理解社会工作的价值与意义。感恩社工行业中的所有遇见与经历,这是一份情怀与感动兼具的行业!希望未来的社会工作能得到更多的认同,和教师、医生、律师一样,成为社会中必不可少的角色。我一直在路上!

初心不改，照亮前行

许 彬

2016年8月9日是我来到太仓的第一天，这一天开启了我的社会工作之旅。大学期间，我被社会工作助人自助的宗旨所吸引，觉得可以帮助到他人是一件很"酷"的事情，经过4年的专业学习，我更加深刻地认识到了社会工作的重要性和价值所在。

2016年，我作为首批"邻里家园"项目社工入驻社区，这是我参与的第一个社工项目，也是我社工之路的开端，7年的时间里，我参与过公益创投项目、残疾人就业适应项目、老年人法治宣传项目、重点优抚对象疗养项目等，变化的是项目内容，不变的是自己的初心。

许多人都很诧异，他们不相信一个20岁出头的年轻人愿意从事这份"待遇并不算太好"的工作，但是在我看来，通过活动开展，看到老人们露出幸福快乐的笑容；通过个案服务，舒展个案对象紧缩的眉头；通过资源连接，帮助有需要的家庭缓解一时的困难；通过赋能支持，发掘服务对象内在的潜能；通过关系协调，改善子女与父母的关系……每一次成功都是对自己极大的肯定，这些都是无形的财富，这些就是鼓励自己不断前行的驱动力。

黑夜里，一只萤火虫散发着微弱的光芒，当越来越多的萤火虫聚集在一起时，就会驱散一片黑暗，照亮一段路，成为远处的希望。我相信我们每一位都可以成为其中的一只萤火虫，点亮更多的希望，帮助更多的群体，让太仓的"人情味"更浓，让社会更加和谐安定。

一次机遇,一个开始

陶震翼

1917年,社会工作之父里士满博士出版的《社会诊断》一书标志着社会工作的诞生。社会工作在我看来可以说是一种协助社会运行的活动,也是一种帮助别人解决困难的方法,还是现代社会中的一个研究领域,更是每个人都有权享受的制度。

2016年12月,我开始了青年社会组织服务中心的工作,这也为我今后的工作奠定了一个非常好的基础,那就是了解青年需求。慢慢地,我发现工作中就靠自己一个人或者说一家社会组织的力量去发现社会问题并及时解决,难度很大。

常言道:"人多力量大。"在太仓团市委的主导下,一家枢纽型社会组织成立了,它的定位就是整合社会资源,凝聚一批社会组织去开展工作。我虽有一些青年工作经验,但和社会组织的交流与工作方式需要转变,我应该以什么样的工作模式开展工作,促使个人、群体之间的关系达到满意的状态?这是2017年4月27日太仓团市委领导给我出的一道必答题!

在我看来,一名合格的社会工作者需要具备科学的认知方法、严密的逻辑思维、乐于助人的心态、团结协作的团队意识。这些能力都需要我们在社会实践中去慢慢培养。学习是人成长的加速器,每个人都离不开前辈的指导。踏上总干事的岗位,我主动参加各种社团活动,多结交良师益友,从与人交流当中听取他们的工作意见和想法。积极参与社会组织团建活动也是提升团队协作能力的很好机会。

如果把社会组织内部的学习比作成长中必需的养料,那么社会就是成长必需的土壤。之所以把社会称作土壤而把学习称作养料,那是因为学习是内部能力的总结和提高,但我们的一切工作都将回归社会。就这样,我开始参加各类培训班,看到可学习借鉴的就主动留下电话深入沟通,上海、无锡、苏州、南京都有我学习的脚步。

经过时间的锤炼,现在的自己具有了一定的工作经验和自我思考能力,与社会组织的沟通也更加顺畅。不管时间如何推移、社会如何发展，自己的初心从未有过改变。冰心先生曾说过："爱在左，同情在右，走在生命路的两旁，随时播种，随时开花，将这一径长途，点缀得香花弥漫，使穿枝拂叶的行人，踏着荆棘，不觉得痛苦，有泪可落，也不是悲凉。"愿我能够一直带着这份社工的责任感，将我的人生旅途点缀得花香弥漫，在社工的路上越走越远。

艰难而坚定
——我的社工路

卢 奇

2017年初入社工行业，5年工作期间，我参与了各类项目，投身于一线，不断在工作中积累经验，提升自己，我发现了自己的局限性，为了服务更多的人群，我成立了自己的社会组织，从一个一线社工转变为一个督导、一个机构管理者。

在服务过程中，有一件事让我印象深刻。在参与社会救助的工作期间，我们开展了救助家庭的走访工作，在走访过程中发现一家低保户情况危急，影响到案主的正常生活，我在了解该家庭的详细情况时得知他们家有个孩子刚毕业，如果能找到工作可以很大程度上缓解家庭困难，我当即调整工作方向，积极与案主和他的孩子沟通，为她安排了面试，最后她成功加入我们德生社会组织服务中心，截至目前，她已经在机构工作2年，成功脱离低保群体，并且在2年的工作中，直接服务累计达到5000人次，成功地从一个被救助对象变成了一个救助者。在这个过程中，我感受到了社会工作的情怀，体会到了社工的能量。机构针对被救助家庭的子女，规划了一个适合这类人群参与社工行业的方案，希望有更多的类似人员可以加入社工这个充满爱与希望的行业中。

我不断探索，立足创新。针对发展问题，我带领机构尝试接触更多新项目，从机构成立初单一的社会治理类型项目逐步发展成当今社会治理、关爱弱势群体、社会服务多类型并进模式。针对新项目，我与机构伙伴共学习，同进退，不断探索适合机构的服务模式，进而提升机构整体服务专业度，挖掘机构发展潜能。

我以"改变""奉献"之心，努力为太仓社工行业发展做出贡献，让更多人了解社工行业，参与社工行业。

坚持,好像并没有那么难

常彩彩

原来,做社工也有五年半的时间了呢。

这五年多的时间里,不是没想过放弃,也不止一次地想过要去放弃,终究还是坚持下来了。有时候也会问自己,是什么让自己坚持下来的?当一个人坚持一项工作的时候,它总有一面是吸引他走下去的。社工这个行业,待遇不高是现实,忙起来昏天暗地还无人理解,连身边最亲的人都会说上一句"你成天在办公室坐着能累到哪里去",亲戚朋友问起自己的工作时总要问上一句"社工是什么",解释得多了连自己也忍不住要问自己一句:社工到底是什么呢?种种问题导致我们这个行业的流动率颇高,不理解这份职业的人最终还是成了路人。

那我能坚持下去的理由是什么呢?好像并没有很复杂,我只是单纯地喜欢和可以温暖我的人一起走下去。比如在我项目做到瓶颈期很难继续的时候给我思路和方向的人;比如在我被甲方质疑而情绪非常低落的时候给我肩膀和鼓励的人;比如在服务过程中受到多方好评时为我高兴给我肯定的人;比如在其他人不理解我的难我的累时给予我充分理解的人;比如……好多的比如,说不清也说不完,很多人都说社工是一份需要情怀的工作,是啊,有情怀又温暖的人,或许这就是我坚持到现在的理由吧。

社工这个行业最不缺的就是有温度的人。我想靠近那些有温度的人,让自己成为可以温暖别人的人。

"从0到1"步履不停
——我的社工之路

黄 婷

2016年我来到太仓市德颐善社会工作发展中心，踏上了"邻里家园"项目社工的岗位，开始从事我梦想的职业。

在这之前，社会工作离我很远，但又很近。远是因为我从事过两份与社会工作无关的职业，近是因为我时刻关注着太仓社工的动态，感受着它的发展。"邻里家园"项目为我打开了一个缝隙，之所以说是缝隙，是因为我还有很多东西要学习，但就是这小小的缝隙，使我坚定了从事社会工作的信念。

在不断的学习和实践中，我接触到了许多其他项目，如公益创投、场馆运营等，小小的缝隙里透出了光亮，光亮指引着我从服务社区到服务特定人群，作为社会组织参与综合网格服务的实践者，协助推动社工站建设，不断深化政社互动服务模式。

七年对我来说意味着什么？是从社区社工到太仓市社会工作服务指导中心社工；从刚入驻社区，居民对社工不了解、不支持，到很多居民加入志愿者行列，特别是新冠疫情期间，成为共同防疫的"战友"。更是在工作中精准对接困境人群，帮助突遇车祸的家庭恢复正常家庭功能、帮助重病恢复后的妇女就业、帮助有自杀倾向的青年积极面对人生……七年意味着未来的路更清晰了。

对于我来说，社工的脚步将依然继续。通过社会工作服务持续增强基层群众的获得感、幸福感、安全感，促进太仓治理现代化水平的提升，为创造人民美好生活贡献社工专业力量，作为本土社工机构中的一员，我义不容辞，勇担使命。

支撑前行的力量

戴天宇

我从2014年7月开始加入社工行业，至今一直在青少年社会领域开展社会工作服务。最初进入这个行业是一次偶然看到了太仓市启航青少年服务中心在招聘青少年社工，当时的招聘信息上把工作内容写得非常详细具体，直接让我对这个陌生的行业有了一些兴趣。之后，我又去查阅资料深入了解了社会工作，不过当时全国范围内的社工信息都比较少，百度百科上也只有3句话描述社会工作。其中有一句话我印象很深："用专业的方法去帮助别人。"这句话让我初次感受到了社会工作的魅力，让我下定决心跨行业加入社工队伍。

由于是新兴行业，起初不管是服务对象、其他政府部门还是家人都对我这项工作表示了非常多的不理解，特别是刚开始给服务对象打电话的时候，经常被当成诈骗或者培训推销人员，还有更不理解的把我当成学校或村里的责任人，直接对我发泄不满情绪。最初的两年，我心理上受到的冲击还是很大的，当时的工作不被社会理解，身边不少社工伙伴都离开了这个行业。在看到社工大发展的曙光之前，我也是很纠结的，但是每次当服务对象和他们的家人给予我真诚的感谢时，我又体会到了莫大的成就感，是他们的这一声声感谢让我坚持了下来。

早期，每当我感到孤立无援的时候，我总能在同行交流会上得到社工大家庭的支持，让我知道全国各地也有和我一样的伙伴在努力着。也是经过全国社工伙伴的共同努力，政府和社会才看到了社工行业的价值，并给了我们越来越多的支持和鼓励，让我们有更多的信心在社工行业里生根发芽。

守护和温暖特殊的人群

殷 悦

我原来是一位金融工作者,在机缘巧合下走入了社会工作的大家庭。

第一次接触社工这个行业,第一次接触社区矫正对象,都给人一种难忘的印象。社工给我的印象是红色的马甲和满脸的微笑,他们穿梭在社区和街道上,帮助着城市的每一个居民。那是一种阳光般的温暖,带着人情味,带着无私精神。

做的虽是微小的事情,但做的人多了,就如聚沙成塔,让人心生敬佩。在接触社区矫正对象初期,我也和大部分人一样带着畏惧的心理。毕竟作为一个普通人,对罪犯有着天然的排斥感。但与社区矫正对象接触了两年后,我只能笑着说,不好意思,我心存偏见了,希望大家也放下偏见,平和地看一下他们。

从数据上来讲,太仓绝大部分社区矫正对象都和酒驾、醉驾脱不了关系。遇到这类社区矫正对象,我都会对他们说"人没事就好",以后不要酒后开车了,但凡与人命扯上关系,就是几个家庭的痛苦和巨大的经济损失了。转念一想,我们多少人都是开着车上路的,谁都不敢说一定没事,那社区矫正和普通生活其实也就一线之隔。这样的认识让我感觉头顶上那达摩克利斯之剑时刻提醒着我要严格规范好自己的言行,别触碰法律的底线。学法、懂法、守法真的不要只是说说,看着有些社区矫正对象我只能叹气和惋惜,但是错了就是错了,期待他们走出这里就不要再回来了,好好地走下去,活出新的人生。

做着社工工作,接触着新的群体,感觉自己的心也慢慢地豁达开来。想努力去帮助更多的人,不管最后是否有效,但我希望每一个微小的帮助都能在他们人生的某一时刻泛起一点涟漪,抹平他们额间的皱纹。

为了不再被人问社工是干什么的

李 阳

2020年至今，我从事社会工作已经四年了，我是太仓市艳阳社会工作服务中心的负责人，更是一名社工。作为一名半路出家的社会工作者，我在这几年间同我们的机构一起成长。

曾经做过企业采购、开过商店的我，最后成了一名社工，是什么原因使我了解这个行业，最终加入这个行业的呢？一切源于2020年年初的那场疫情，由于疫情原因无法复工，我成了一名社区防疫志愿者。在此期间，我结识了很多社工小伙伴，开始了解社工这一份职业。总是有些事情即便不一定能够得到回报，人们仍然愿意去做，于是2020年下半年，我正式加入这个行业，成为一名社工。

我的社工工作从成为一名养老社工开始，由于我家里的老人过世比较早，所以我很珍惜跟老人相处的机会。日间照料的爷爷奶奶们也每次都亲切地称呼我为小李。2021年，我分别承接了太仓市民政局和陆渡街道的各类公益创投项目，其中，"志愿者培力计划"项目在陆渡街道"益汇陆渡"首届公益创投项目评选中获评优秀项目。

几年来，我明显地感觉到志愿者渐渐地被大众所认可了。我相信作为一名社工也将会经历这样一个过程，在我们自己不断学习进步的同时，社会工作的知晓度也会不断提升。希望有一天我们在介绍自己时，不会再被人问社工是干什么的。

开启职业成长之路

卫 丹

我是太仓市海星之家社会工作服务发展中心的一名普通社工，2013年开始进入社会工作专业进行学习，在经历了大学与研究生两个阶段的学习后，我于2019年正式进入该单位，开启了社工职业生涯，也由此接触到学校外的第一个社工项目活动——"志童道合"夏令营。

我很庆幸我的第一批服务对象是一群孩子，孩子们的天真与热情总是很容易感染我们，作为他们的社工班主任，我要与他们一起上课、一起休息、一起吃饭。为孩子们开展青少年正面成长小组与生命教育课程，感受这一年龄段的孩子们的性格与情绪，了解他们的需求与兴趣，用社工的技术引导他们表达与成长，为我的职业社工课程上了第一课，也激励我作为社工继续在这条道路上不断探索。

自此，我开始真正意义上了解了课本之外的社会工作，与我学习的医务社工、司法社工不同。我开始初步了解企业社工与青少年社会工作，同时发现课本上的知识并不能完全解决实际工作中产生的问题。我要在理论与技术的指导下，从零开始，积累相关的经验，学习如何策划活动、开展活动并对活动进行复盘，提升自己的业务水平。

到目前为止，我入职已有两年半的时间，入职之初我希望自己未来能够成为专业的社工督导，但是现在看来我跟督导之间还有着相当大的理论差距、思想差距、经验差距。不积跬步，无以至千里。眼下要做的事除了积累自己的项目经验外，就是不断地提升自己的业务水平，磨炼自己的专业能力，让自己更上一层楼，为社工行业的发展略尽一点自己的力量。

附录篇

FULUPIAN

太仓市社会工作方面受表彰奖励一览表

综合荣誉

序号	奖项名称	授奖单位	获奖时间	获奖文件字号
1	首批全国社会工作服务标准化建设示范地区	民政部	2013年12月	
2	江苏省优秀社区志愿服务组织（太仓市义工联合会）	江苏省民政厅	2015年12月	
3	2017年苏州市优秀社工机构（太仓市瑞恩社会工作发展研究中心）	苏州市社会工作者协会	2018年2月	
4	2018—2019年度江苏基层社会治理创新成果奖（太仓市民政局）	江苏省民政厅	2020年4月2日	苏民基〔2020〕6号
5	苏州市全科社工业务技能大赛团体二等奖（太仓市民政局）	苏州市民政局	2020年10月12日	苏政民基〔2020〕4号
6	2019—2020年度江苏基层社会治理创新成果奖（太仓市民政局）	江苏省民政厅	2021年4月21日	苏民基〔2021〕4号
7	从"试点实践"到"全域覆盖"——初高级中学"一校一社工"的太仓实践	江苏省民政厅	2023年10月	

个人荣誉

序号	奖项名称	授奖单位	获奖时间	获奖文件字号
1	2015年度中国百名社工人物（孙陈）	公益时报社	2016年3月	
2	第二批江苏省社会工作领军人才（陈维佳）	江苏省民政厅	2017年2月	
3	首届江苏省"最美社工"（屠燕红）	江苏省民政厅	2018年1月	
4	第三批江苏省社会工作领军人才（孙陈）	江苏省民政厅	2018年2月	
5	2017年度中国百名社工人物（屠燕红）	公益时报社	2018年3月	
6	2018年度苏州市社会组织十大先锋人物（孙陈）	苏州市"两新"工委	2018年9月	
7	2018年度苏州市社会工作"优秀督导"（屠燕红）	苏州市社会工作者协会	2019年1月	
8	苏州市"优秀社工"（朱晓庆）	苏州市社会工作者协会	2019年1月	

续表

序号	奖 项 名 称	授奖单位	获奖时间	获奖文件字号
9	苏州市第二批"红色社工"（王森、屠燕红、龙绍眉、常彩彩）	中共苏州市社会组织委员会	2019年3月	
10	苏州市"最美红色社工"（屠燕红、王森）	中共苏州市社会组织委员会	2019年12月	
11	苏州市社工专业人才"先锋代表"（耿彤彤、屠燕红）	苏州市民政局	2020年7月	苏政民慈社〔2020〕4号
12	苏州市社工专业人才"领域标兵"（朱晓庆）	苏州市民政局	2020年7月	
13	苏州市优秀儿童社工（汪晓玲）	苏州市民政局	2020年11月	
14	第二届江苏省"最美社工"（朱晓庆、张艳）	江苏省民政厅	2021年2月4日	苏民慈〔2021〕3号
15	第六批江苏省社会工作领军人才（屠燕红）	江苏省民政厅	2021年2月9日	苏民慈社〔2021〕5号
16	2020年度中国百名社工人物（耿彤彤）	公益时报社	2021年3月12日	
17	江苏省第二批高级社工师（姜春艳、耿彤彤）	江苏省民政厅	2021年10月	
18	苏州市社工专业人才"领域标兵"（王森、黄婷）	苏州市民政局	2021年10月	苏政民慈社〔2021〕6号
19	苏州市社工专业人才"先锋代表"（何静嫣、常彩彩）	苏州市民政局	2021年10月	苏政民慈社〔2021〕6号
20	首届苏州市社会组织百名优秀"公益达人"（常彩彩）	苏州社会组织促进会	2021年10月	
21	江苏省第三批高级社工师（孙陈、利亚琼）	江苏省民政厅	2022年7月	
22	第四届江苏省"最美社工"（龙绍眉）	江苏省民政厅	2022年12月	
23	第八批江苏省社会工作领军人才（耿彤彤）	江苏省民政厅	2022年12月	
24	2022年度苏州市"红色社工"（高桢颖、顾绒、黄婷、卢文超、陆天怡、陶震翼、王怡晨、许彬、赵海燕、周宇）	苏州市民政局	2023年1月	
25	苏州市社工专业人才"领域标兵"（刘丽华）	苏州市民政局	2023年3月	
26	苏州市社工专业人才"先锋代表"（龙绍眉）	苏州市民政局	2023年3月	

社工案例（项目）荣誉

序号	奖项名称	授奖单位	获奖时间	获奖文件字号
1	苏州市创新社会治理优秀项目（"心手相连、共享阳光"——关怀关爱失独家庭项目）	苏州市委政法委	2015年5月	
2	2015年度江苏省社会工作优秀案例二等奖（"防跌护老，'义'起行动"——老年人防跌案例）	江苏省民政厅	2017年2月	
3	2015年度江苏省社会工作优秀案例二等奖（"社区'益'起来"——拆迁安置小区居民志愿服务案例）	江苏省民政厅	2017年2月	
4	2016年度全国百优社会工作服务案例（"防跌护老，'义'起行动"——老年人防跌案例）	中国社会工作联合会	2017年4月	
5	2016年度江苏省社会工作优秀案例一等奖（"破壳而出"社会组织孵化记——以太仓市城厢镇社会组织服务中心为例）	江苏省民政厅	2018年1月	
6	2016—2017年度苏州市社会工作优秀项目二等奖（"不倒翁"——高龄老人防跌护老项目）	苏州市民政局	2018年3月19日	苏政民社〔2018〕2号
7	2016—2017年度苏州市社会工作优秀案例三等奖（"社区共建，你我同参与"案例）	苏州市民政局	2018年3月19日	苏政民社〔2018〕2号
8	苏州市优秀案例三等奖（"空间生产联结——'邻客'社区公共微空间营造"案例）	苏州市民政局	2018年8月	
9	2017年度江苏省优秀社会工作案例（"迷途少女，智返拾翼"案例）	江苏省民政厅	2018年11月16日	苏民人〔2018〕36号
10	2017年度江苏省优秀社会工作项目（新时代社会组织培育路径探索——太仓市"众益"社会服务交易所）	江苏省民政厅	2018年11月16日	苏民人〔2018〕36号
11	2018年度全国百优社会工作服务案例（"美好小区，居民共建"）	中国社会工作联合会	2019年3月	
12	2018年度江苏省优秀社会工作项目三等奖（"青益之家"融爱计划——青年社区营造项目）	江苏省民政厅	2019年12月	
13	第九届林护杰出社会工作服务项目奖（"瑞翼飞扬、正向成长"——太仓市学校社会工作发展项目）	中国社会研究中心	2021年3月	

续表

序号	奖 项 名 称	授奖单位	获奖时间	获奖文件字号
14	2020年度全国百优社会工作服务案例（"萤火虫点亮计划"——退休教师关爱青少年行动）	中国社会工作联合会	2021年3月	
15	2019年度江苏省优秀社会工作项目二等奖（"瑞翼飞扬，正向成长"——太仓市学校社会工作发展项目）	江苏省民政厅	2021年3月	
16	2021年苏州市市域社会治理现代化建设创新案例三等奖（创新推进社区综合网络+社会组织服务体系建设）	苏州市委政法委	2021年10月	苏政办〔2021〕92号
17	2020—2021年度苏州市城乡社区治理创新案例（创新推进社区综合网络+社区组织服务体系建设）	苏州市民政局	2022年1月19日	苏政民基〔2022〕1号
18	2020年度江苏省优秀青少年事务社会工作案例（"童伴同心，守护成长"——网格重点青少年个案服务介入案例）	团省委社会联络部	2022年2月22日	
19	"红社e家·'疫'战先锋"抗疫优秀案例（《"疫"路同行抗疫有我》）	中共苏州市社会组织委员会	2022年6月	
20	2021年度江苏省青少年事务社会工作优秀项目（"少年的你，逆风飞翔"——单亲行为偏差青少年个案管理服务）	共青团江苏省委	2022年7月	
21	2020—2021年度第二批江苏省优秀社会工作项目二等奖（"'党龄共治·融合发展'视域下太仓市街道社会工作服务站运营项目"）	江苏省民政厅	2022年8月	
22	2022年度江苏省社会组织优秀案例（以民主协商议事创新基层治理模式）	江苏省民政厅	2023年1月	
23	苏州市未成年人保护案例一等奖（"重拾画笔，点亮心路"——社会支持系统理论视角下重病少女的个案服务）	苏州市未成年人保护工作委员会办公室	2023年5月	

在过去的十多年里，太仓市"政社互动"历经法治政府下的"清单式管理"、社会协同下的"引导式治理"、协商民主下的"能动式善治"三个发展阶段，在此过程中，太仓市社会工作发展取得了令人瞩目的成就，社会工作的整体发展水平跻身全国"第一方阵"，在城乡社区治理中发挥了重要作用。

如今，太仓市已然成为社会工作人才集聚高地，社会组织发展也呈现百花齐放、欣欣向荣之态势，成为社会工作行业发展的楷模。与沪深广等社会工作先发展地区相比，太仓市充分地利用了社会工作的后发展优势，在借鉴外地经验的基础上，也规避了一些制度设计和项目设计方面的不足，社会工作发展大有后来居上之势。然而，作为县级市，如何提高基层相关职能部门和社会民众对社会工作和社会组织的认同，对于太仓市民政局和社会组织自身来讲都是一个不小的挑战。

——华东师范大学社会发展学院副院长、教授　黄晨熹

太仓社工，一个具有明显标识度、专业性的致力于"改变"发生的服务共同体；一个具有多样态服务领域、专业服务效能凸显的实践场域。它，厚植于"政社互动"的社会基础上；它，承载着人民对美好生活的更多向往，不断致力于更多"改变"的发生，致力于推进本土社会工作更高质量的发展。太仓社工，让服务使用者赋权增能，让多方力量联动汇聚，让专业服务整全精准，让城市生活更美好！

——华东理工大学社会工作系副教授　侯利文

社会工作是贴近群众、融入群众、服务群众的一个专业、一个职业、一个行业，它不是临时的帮助、短暂的扶持、单向的服务，而是以"助人自助"为目标的长期的、持续的、双向的协同支持过程，是一种长久的行动。在社会主义建设新时期，社会工作是职业性的助人服务活动，是新时代党做好群众工作的专业方法。

作为一名社工，你是因为改变才去相信，还是因为相信才会改变？我想社工们往往会选择后者，在我看来，社工是眼里有光、心里有爱、自带温度、自带光芒、自带音响的一群人，他们无论在顺境还是在逆境，总是怀着积极向上的心态去面对，主动去解决问题，积极促进服务对象的改变，时刻践行用生命影响生命的诺言。

社工是一份很难的职业，没有情怀，没有能力，没有管理水平，很难做好。它在理念与价值、方法与技巧、能力与素养等方面有不可替代的专业优势，做好这份工作需要善商、智商、情商和财商。新时代，社会工作者需要融入基层治理体系和治理能力现代化的时代背景中，及时回应社会治理的痛点、难点，提供集成式解决方案。有为才有位，社工的未来，需要每一个从业者的坚持；成为一名优秀的社工，需要长时间的沉淀，需要每日的精进。

做社工，与其说是坚守，不如说是乐享。成为一名优秀社工，你准备好了吗？

——南京工程学院社会治理研究中心主任
南京红叶社会工作服务社理事长　张　伟